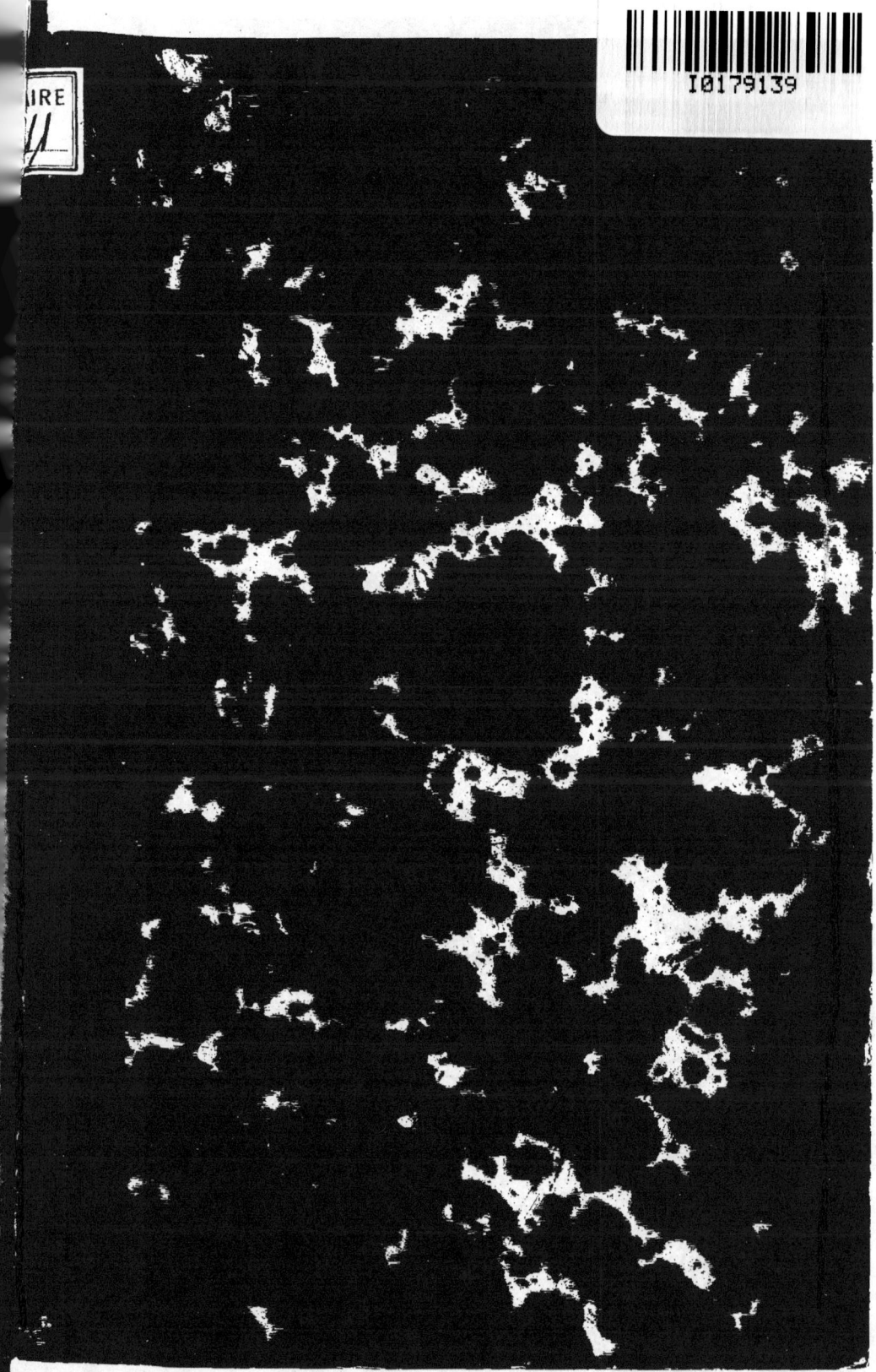

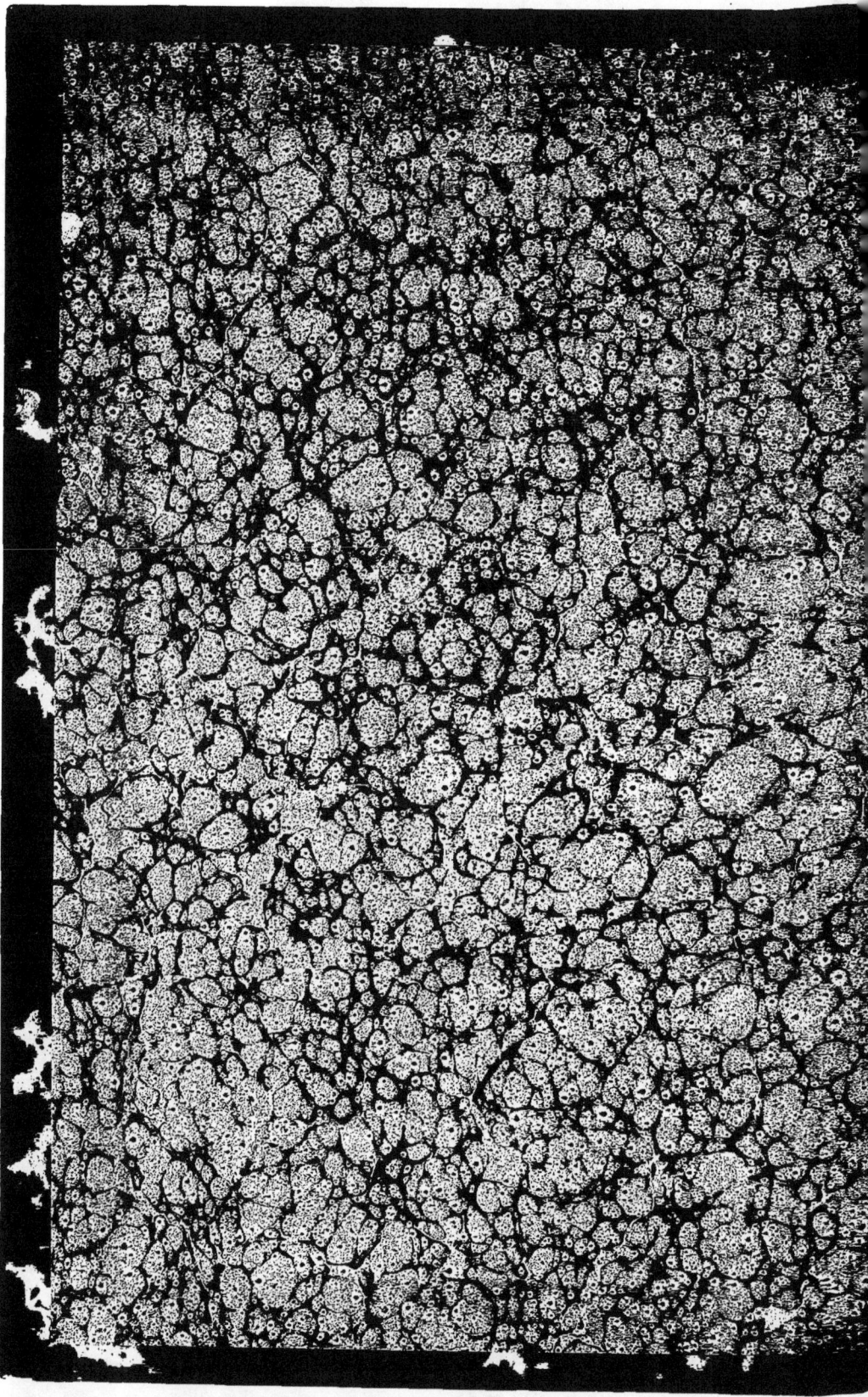

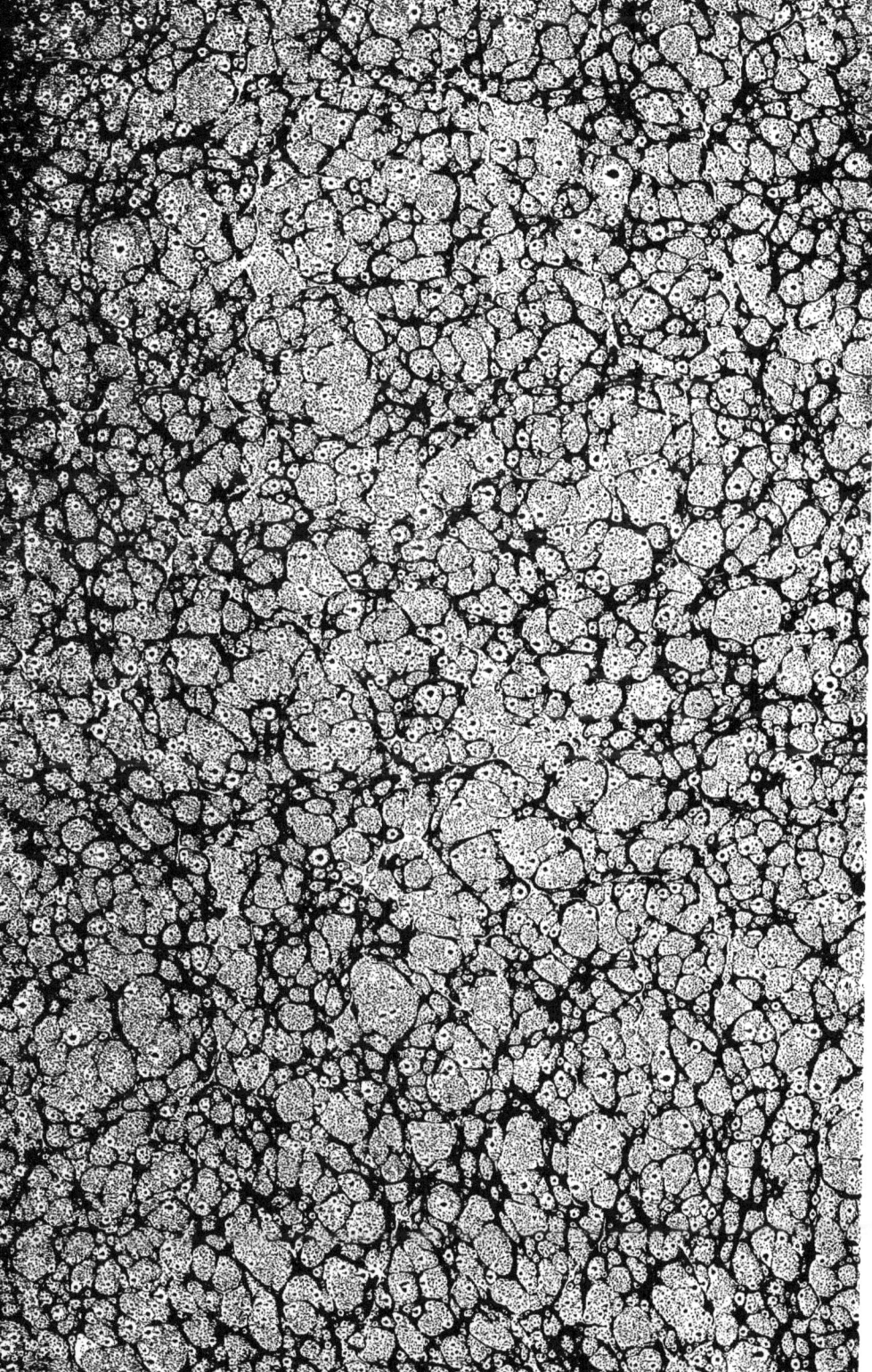

CHEMIN DE FER

DE

PARIS A MARSEILLE.

DE LA TRAVERSÉE DE LYON.

CHEMIN DE FER
DE
PARIS A MARSEILLE.

DE LA
TRAVERSÉE DE LYON;

PAR

M. L. BONNARDET,

MEMBRE DE L'ACADÉMIE DES SCIENCES, BELLES-LETTRES ET ARTS
DE LYON, ETC.

MÉMOIRE LU A L'ACADÉMIE

DANS SA SÉANCE DU 20 SEPTEMBRE 1845, ET IMPRIMÉ
PAR SON ORDRE.

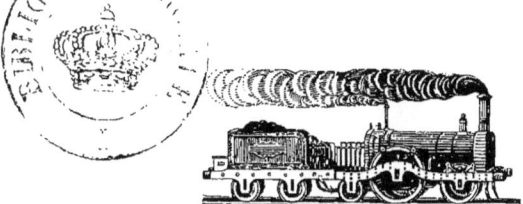

LYON.
IMPRIMERIE DE LÉON BOITEL,
QUAI SAINT-ANTOINE, 36.

1845.

DU
CHEMIN DE FER
DE
PARIS A MARSEILLE.

DE LA TRAVERSÉE DE LYON (1).

On veut que Lyon soit traversé par le chemin de fer de Paris à Marseille ; je le comprends. Les rail-ways suivent les vallées, et Lyon se trouvant, par hasard, dans celle du Rhône qui conduit à Marseille, il eût été difficile et trop dispendieux de l'éviter. Il faut bien d'ailleurs que ce chemin passe quelque part, et autant par Lyon qu'ailleurs.

Paris sera tête de ligne ; il en sera de même de Marseille ; de même de Bordeaux, et aussi de Fampoux. Quant à Lyon, il sera compté au nombre des stations du chemin de fer de Paris à Marseille, avantage qu'il partagera avec les cent

(1) Mémoire lu à l'Académie des Sciences, Belles-Lettres et Arts de Lyon, et imprimé par son ordre.

autres villes, bourgs et villages qui, comme lui, se trouvent sur la route !

Il sera même permis aux convois qui le traverseront, d'y prendre l'eau et la noire pitance nécessaires à leurs locomotives.

A part cela, tout à l'avenir sera combiné de manière à nous débarrasser des marchandises et des voyageurs qui, dans l'état actuel des choses, composent le commerce de Lyon et encombrent notre ville !

Il y avait là deux questions à trancher. La question principale et la question subsidiaire, ou accessoire. Ces questions consistaient à savoir : l'une, si Lyon serait traversé, l'autre, par où, et comment.

La première, à ce qu'il paraît, ne nous regardait pas. Nul, à Lyon, n'a été appelé à en délibérer ; elle n'a été posée ni au Conseil municipal, ni à personne. En ce qui nous touche donc, cette question est encore entière, et toute liberté d'opinion reste à chacun ; il importe qu'on se le rappelle.

Il n'en a pas été de même de la seconde. Là-dessus le gouvernement a bien voulu nous demander ce que nous en pensions. Les nobles condamnés avaient autrefois le choix du supplice; on nous accorde le même honneur! On voit qu'il faut toujours en revenir à l'histoire de l'abbé Terray (1).

Une enquête donc a été ouverte sur la question relative au tracé à suivre pour la traversée. Une enquête : c'est le nom qu'on donne aujourd'hui au mode que le gouvernement emploie, lorsqu'il veut communiquer avec nous et prendre notre avis. Or, cette enquête, afin que personne n'en put ignorer, a été affichée à tous les coins de rues. C'est sans doute ce qui aura fait dire que les murs parlent.

Ce que voyant, chacun touché d'une si grande courtoisie, et fier de se voir ainsi subitement nom-

---

(1) Allusion à une anecdote rappelée dans un Rapport précédemment publié, par l'auteur, sur la même question, et qui est ici de nouveau consignée pour ceux qui n'auraient pas lu ce rapport :

» L'abbé Terray avait fait convoquer les Etats provinciaux pour les consulter sur le mode d'assiette et de perception d'un impôt nouvellement décrété. Les notables consultés répondirent qu'avant de s'occuper du mode de perception, il fallait s'occuper de l'impôt lui-même, à quoi l'abbé Terray répondit qu'ils *s'écartaient de la question !*

Le *Charivari* d'alors publia, à ce sujet, une caricature qui fit du bruit. Cette caricature représentait l'intérieur d'une ferme. On y voyait le fermier entouré de ses poulets, canards, dindons et autres *contribuables* de cette nature. — Mes bons amis, leur disait le fermier, à quelle sauce voulez-vous que je vous mange ? — Mais nous ne voulons pas que vous nous mangiez ! — Vous vous écartez de la question.

Ceci n'est pas sans rapport avec nous. On nous dit : par où voulez-vous que votre ville soit traversée ? Et au lieu de répondre : mais nous ne voulons pas qu'on la traverse ; nous nous empressons, à qui mieux mieux, en indiquant chacun notre tracé, de donner la main à une mesure qui doit amener la ruine de notre ville. Les notables de l'abbé Terray et les dindons du fermier furent, comme on voit, mieux avisés. »

(*Extrait du Rapport fait à l'Académie de Lyon, le* 18 *février* 1845.

mé *Conseiller d'Etat,* s'est empressé d'aller en remplir les fonctions. L'hôtel de la Préfecture était assiégé et suffisait à peine à l'empressement de ceux qui venaient apporter leurs conseils à ce pauvre gouvernement, fort empêché, à ce qu'il paraît, de savoir comment s'y prendre, en cette occurrence.

C'est, comme on voit, une bien belle chose que les gouvernements représentatifs ! Allez donc voir si, en Russie ou en Chine, vous serez consultés ! Il est vrai qu'en prenant notre avis, les gouvernements représentatifs ne prennent pas l'engagement de le suivre, mais c'est toujours quelque chose ; et il paraît que cette chose plaît à plus d'un, car on dit qu'un cheval plierait sous le régistre d'enquête, tant ce régistre s'est enrichi de dits et contredits, d'arguments pour et contre, de plaintes et de demandes, de conseils et de projets ; ce qui doit mettre le gouvernement dans un embarras pour le moins aussi grand que celui où se trouvèrent le Meunier et son fils.

Quant à moi, je voulais, on le sait, deux choses : La première, qu'il y eut à Lyon solution de continuité(1) ; et c'est cette chose qu'on s'obstine à refuser ;

(1) On dit que la loi de juin 1842 ayant statué que le chemin de l'Océan à la Méditerranée passerait par Lyon, la question se trouve ainsi tranchée. Je réponds, d'une part, que la loi de juin 1842 est une loi

la seconde, qu'un débarcadère spécial fût placé à chacune des extrémités de la ville, point sur lequel on paraît généralement disposé à me donner raison. Mais comme j'avais fourni mon avis sur le tout, bien avant qu'on fut venu me le demander, il me semblait que je n'avais plus rien à dire à ce sujet. Mes amis m'ont fait l'honneur de penser le contraire et m'ont engagé à appeler encore l'attention publique sur cette grande question, d'autant qu'en bonne morale on est, suivant eux, coupable de tout le mal qu'on peut empêcher, et qu'on ne doit désespérer de rien, quand on a pour soi la justice et la vérité. D'autres diraient que c'est alors qu'on doit désespérer de tout, mais ils auraient tort, et ce sont les premiers que je veux croire.

Bien donc que ma voix se soit déjà perdue dans le désert, ni plus ni moins, hélas! que celle de

morte, car il n'est pas un seul de ses articles auquel il n'ait été dérogé. Je réponds, en second lieu, que la même loi a statué que ce chemin traverserait Paris. Or, il n'en est rien. La loi obligerait-elle donc Lyon sans obliger Paris ?

On parle, il est vrai, d'un chemin de ceinture autour de Paris, destiné à relier les divers rail-ways qui y aboutissent. Ce chemin de ceinture nuira à Paris, sans doute, et nous croyons qu'on s'en apercevra à temps et qu'il ne s'exécutera pas. Mais le tort qui en pourrait résulter pour la capitale, point de ralliement obligé, comme séjour du gouvernement, comme grande ville de luxe et de plaisirs, comme rendez-vous général du monde civilisé, serait loin de pouvoir être comparé à celui qui résulterait pour Lyon, de sa traversée, car Lyon n'a aucun des moyens dont Paris abonde pour neutraliser cette cause de ruine et d'abandon.

l'hirondelle du fabuliste (1) ; je l'élèverai bien volontiers cependant une seconde fois, mais ce sera à la condition qu'on me permettra de le faire en toute franchise. S'il y a crime et lâcheté à flatter les rois, il n'y en a guère moins à flatter les peuples.

Suivant moi, la traversée de Lyon portera un coup mortel à notre ville. Chacun me dit : c'est vrai ; mais chacun ajoute aussi : Comment l'empêcher, quand l'intérêt général le veut? L'intérêt d'une ville peut-il prévaloir contre l'intérêt du pays? N'a-t-on pas dit : *Salus populi suprema lex esto ?*

J'accepte la question ainsi posée, et consens à l'examiner sous ces deux grands aspects. Au point de vue de Lyon, d'abord, et, en second lieu, au point de vue du pays.

Je dirai ensuite ce qu'il convient, suivant moi, de faire pour nous préserver du péril qui nous menace ; après quoi, j'examinerai subsidiairement, et pour le cas où mes paroles seraient encore vaines, quel est de tous les projets de tra-

---

(1) Voyez-vous cette main qui par les airs chemine,
Un jour viendra, qui n'est pas loin,
Que ce qu'elle répand sera votre ruine.
. . . .
Les oiseaux se moquèrent d'elle.
. . . .
Nous n'écoutons d'instincts que ceux qui sont les nôtres,
Et ne croyons le mal *que quand il est venu.*
On dirait cette fable faite d'hier et tout exprès pour la circonstance.

versée qui ont été mis en avant, celui qui me semblera de nature à nous faire le moins de mal, ou plutôt à prolonger un peu plus l'agonie qu'on nous prépare.

I.

DE LA TRAVERSÉE DE LYON ENVISAGÉE AU POINT DE VUE
LYONNAIS.

En ce moment, Lyon se partage avec Paris l'entrepôt intérieur. Ces deux villes sont, s'il est permis de parler de la sorte, les deux grands ports de terre ferme de la France. On expédie à Lyon tout ce que le Nord envoie au Midi, et tout ce que le Midi envoie au Nord; tout ce qui arrive de l'Italie, de la Suisse et des provinces Rhénanes; enfin tout ce que la France dirige, en échange, sur ces contrées. Ce mouvement de marchandises venant prendre, les unes la voie du Rhône, les autres celle de la Saône et des canaux ou des routes qui y aboutissent de toutes les parties de la France et de l'étranger, amène, comme conséquence, un mouvement proportionnel de voyageurs.

Aussi, ces fleuves nourriciers formant avec les canaux auxquels ils se lient, cette longue et féconde artère fluviale qui unit les deux mers sur notre sein, ont-ils fait de notre ville un lieu obligé de dépôt, de triage et d'expédition; une foire sans fin, un bazar perpétuel.

Lyon doit donc à sa situation exceptionnelle son entrepôt, et, par suite, son commerce et sa fabrique, car tout se tient et se lie dans l'engrenage commercial, où chaque rouage fonctionne tour à tour, comme cause et effet. C'est dire que Lyon tout entier est dans sa situation; supprimez les bénéfices de cette situation, et vous supprimez Lyon; vous lui enlevez, je l'ai dit ailleurs, sa raison d'être et l'unique fondement de sa prospérité; c'est Versailles sans la royauté, Marseille sans la mer, c'est-à-dire un effet sans cause. Voulez-vous donc que l'édifice se tienne debout, quand vous en aurez détruit la fondation?

Or, pourquoi veut-on aujourd'hui que Lyon soit traversé par les chemins de fer? Est-ce pour conserver ce qui est? Non, c'est pour le changer, c'est pour lui enlever le bénéfice de cette situation qui a fait sa vie et sa prospérité. On le dit, on en convient très franchement, et, sous ce rapport, nous ne pourrons pas nous plaindre d'avoir été pris en traître.

On veut que les marchandises qui venaient se centraliser sur notre place, puissent aller en droiture à destination ;

On veut que Paris et le Nord puissent expédier, non plus à Lyon, mais à Mâcon, pour la Suisse ;

Mais à Valence, pour le Dauphiné ;

Mais à Avignon, pour la Provence ;

Mais à Beaucaire, pour le Languedoc ;

Mais à Marseille pour le littoral et la mer.

On veut, d'un autre côté, que Marseille puisse expédier, non plus à Lyon, mais à Valence, pour les départements de l'Est, l'Italie et la Suisse ;

Mais à Strasbourg, pour l'Alsace et l'Allemagne ;

Mais à Châlon et Dijon, pour le centre ;

Mais à Paris, pour le Nord ;

De manière à borner ainsi notre mouvement commercial à ce que Lyon et sa banlieue devront consommer.

Or, comme tout avait été arrangé, routes, rivières, établissements, pour que tout s'arrêtât à Lyon, voyageurs et marchandises ; tout s'y arrêtait.

Comme on veut, au contraire, tout combiner pour que rien ne s'y arrête, ni marchandises ni voyageurs ; rien ne s'y arrêtera.

Je ne crois pas qu'il y ait, sous le ciel, quelque chose de plus évident.

Comment veut-on, je le demande, qu'il en puisse être autrement? La traversée de Lyon a bien pour but, n'est-ce pas, de fournir aux choses et aux hommes, le moyen de continuer leur route? Ceci n'est pas contesté, autrement cette traversée serait une absurdité, une dépense énorme sans but, une folie! Or, le commerce et les affaires ne vont-ils pas nécessairement où vont les marchandises, et, par suite, les marchands? Et une ville vivant d'affaires et de commerce, n'est-elle pas perdue quand le commerce et les affaires la quittent? Qui prend les moyens peut-il nier la fin ? Voudriez-vous nous faire croire, quand vous enlevez à Lyon le commerce dont il vit, qu'il continuera à en vivre; quand vous détruisez un à un tous ses éléments de prospérité, qu'il continuera à prospérer? Nous tenez-vous, pour cela, un autre aliment en réserve ? Où est-il, où est le sang à infuser dans les veines que vous voulez dessécher (1)?

L'économie politique qu'on aurait dû nommer l'anatomie du corps social, ne peut s'accommoder de

---

(1) Certes, nul n'a formé, nous le pensons bien, l'absurde projet de ruiner Lyon pour le plaisir de le ruiner, mais on fait ce qu'il faut pour cela. Si ce n'est pas l'homicide avec préméditation, c'est l'homicide par imprudence. Mais si, aux yeux de la morale, la différence est grande ; pour les victimes, malheureusement le résultat est le même.

fictions; c'est une science positive qui voit les choses ce qu'elles sont. Une cité grandit ou décroît suivant les conditions dans lesquelles on la place; là, les effets découlent des causes, avec une évidence de nature à frapper l'intelligence la plus bornée. Chacun sait pourquoi une ville prospère, pourquoi elle dépérit : avec une mesure fiscale on peut la créer, on peut l'anéantir. En quelques années, le Gouvernement autrichien a fait Trieste et défait Venise.

Il en sera de même de Lyon. Fait avec des routes d'eau et des routes de terre qui convergeaient sur lui et en faisaient un centre, on veut le défaire avec des routes de fer qui le traverseront et en feront un passage. Cela est bien clair et le nier ce serait nier la lumière. On ne produit pas des faits analogues avec des causes contraires. Ce n'est plus la barque, c'est le wagon désormais qui marquera l'emplacement des cités, a dit le savant rapporteur de la Commission d'enquête. C'est vrai; le wagon doit détruire ce que la barque avait créé, et Lyon est dans ce cas.

Si donc la traversée atteint le but avoué qu'on se propose, si les marchandises et les voyageurs que nous donnait la barque, nous sont enlevés par le wagon, il en résultera nécessairement, et par la force des choses, que les échanges et les négociations qui se faisaient à Lyon ne s'y feront plus, puisque les marchandises qui en étaient la cause et l'objet ne s'y arrêteront pas ;

Il en résultera que les vendeurs et les acheteurs qui s'y rendaient, ne s'y rendront plus, puisque les marchandises qu'ils venaient y vendre ou y acheter, n'y seront plus ;

Il en résultera que les marchands et les commissionnaires qui recevaient, vendaient, triaient, expédiaient ces marchandises, quitteront Lyon, puisqu'ils n'auront plus à les y recevoir, vendre, trier, ni expédier ;

Il en résultera que les hommes de peine, commis et employés à la solde de ces négociants et commissionnaires, disparaîtront avec eux, et avec eux aussi les boulangers qui les nourrissaient, les cordonniers qui les chaussaient, tous les artisans, tous les marchands de détail, tous les boutiquiers qui leur vendaient ces mille objets de consommation journalière qui composent le petit commerce (1) ;

Il s'ensuivra que les hôtels qui recevaient les

---

(1) La population d'une grande ville croît et décroît dans une proportion qu'on pourrait dire géométrique, à raison des circonstances qui viennent exercer une influence utile ou funeste sur le ressort organique du mécanisme commercial auquel est liée son existence. Là l'enchaînement est tel, qu'il pourrait suffire d'une cause, en apparence secondaire, pour arrêter complètement la marche de ce mécanisme et anéantir la ville.

étrangers, et les maisons qui logeaient la population seront déserts ;

Il s'ensuivra que notre fabrique, unie à notre commerce par des liens indissolubles, s'étiolera et mourra avec lui. Quand un membre est paralysé, l'autre ne peut prospérer ; on ne vit pas avec un cadavre ;

Il s'ensuivra que l'herbe croîtra dans nos rues, et qu'un jour on nous retrouvera couverts du sable et du limon de nos fleuves, qui cacheront aux siècles à venir la honte que notre génération portera au front pour avoir laissé périr, pleine de sève et de puissance, l'une des plus anciennes et des plus illustres villes de France (1) ;

Il s'ensuivra enfin que toutes les communes environnantes qui alimentent Lyon, qui vivent de sa vie, qui prospèrent de sa prospérité, souffriront et dépériront avec lui, et que les propriétés rurales, placées dans un rayon plus ou moins étendu, perdront une partie considérable de leur valeur. Quand une ville meurt, tout ce qui vit d'elle et autour d'elle ne meurt-il pas ? Les membres ont-ils jamais survécu au cœur ou à la tête ?

(1) Et ce que je dis de Lyon, je le dis également de Vaise, de la Croix-Rousse et de la Guillotière qui, à vrai dire, ne forment, avec Lyon, qu'une seule et même ville, et dont le sort est commun, malgré les déplorables rivalités qu'a fait naître une division administrative qui ne saurait se perpétuer, funeste qu'elle est à toutes les parties de cette grande agglomération.

Au surplus, l'expérience en a déjà dit plus que mes paroles. Chacun sait, en effet, que toutes les villes, petites ou grandes, traversées par les chemins de fer, ont perdu et perdent leur commerce, leur vie, leur prospérité. Fournir les moyens de les *brûler*, suivant l'expression consacrée, c'est engager à le faire ; aussi est-ce ce qui arrive.

Bruxelles a si bien compris que se laisser traverser par les chemins de fer, ce serait se laisser tuer, que cette ville ne l'a voulu à aucun prix, bien que sa traversée fut de la plus grande facilité. Pour échapper à ce danger, elle a divisé ses embarcadères en embarcadères du midi et en embarcadères du nord, division tout-à-fait arbitraire, et qui n'a évidemment d'autre cause que sa volonté bien arrêtée d'établir, dans ses murs, une solution de continuité qui y retienne les voyageurs et les marchandises ; car là, la facilité de la traversée était telle, je le répète, que ces débarcadères ont été unis par un petit rail way de camionage.

Malines, au contraire, qui est traversé par les chemins de fer, dépérit rapidement ; et cependant Malines est l'étoile, le cœur, le centre des chemins de fer belges. Tout y passe ; tout, mais rien n'y reste. Que Lyon soit traversé, et on en aura fait le Malines de la France.

Des villes de second ordre telles, par exemple,

que Nîmes et Montpellier, ont été plus heureuses ou plus habiles que Lyon. Ces villes ont été dotées de débarcadères spéciaux sans communication entre eux. Il y a mieux, les départs et les arrivées ont été combinés de façon à y rendre le stationnement nécessaire. Et cependant, le chemin de Nîmes à Montpellier, ainsi que ses embarcadères, a été construit, non par une compagnie, mais par le gouvernement lui-même (1).

Et c'est en présence de pareils faits qu'on parle de la traversée de Lyon, comme d'une mesure sans importance, et qu'on ose lui promettre les destinées les plus prospères, à ce point qu'il aurait été dit naguère, en plein Conseil municipal, que les chemins de fer auraient bientôt fait de Lyon une ville de quatre cent mille ames ! Quatre cent mille ames à Lyon ! Et qu'y viendraient-elles donc faire, mon Dieu ! Et de quoi y vivraient-elles ? Deux cent mille y vivent avec peine et souffrance ; vous diminuez l'aliment qu'elles y trouvaient, et leur nombre doublera ! Les chemins de fer et la traversée de Lyon ont pour but avoué de disséminer, sur tous les

---

(1) Il est juste de dire en passant, et à l'éloge de l'Administration des travaux publics, que ce chemin ne laisse rien à desirer, et qu'il est incontestablement le plus beau de tous les rail-ways de France.

points de bifurcation, notre entrepôt, d'éloigner de nous et marchands et marchandises, et ils augmenteraient notre population ! Vous enlevez le barrage pour faire monter l'eau.... Vraiment ceci est de la dérision ! La ruine et l'insulte à la fois, c'est trop ! Le lion est donc devenu bien vieux qu'on puisse ainsi se moquer de lui !

Sans aller aussi loin, d'autres personnes ont pourtant fait quelques objections auxquelles il convient de répondre.

On avoue que la traversée de Lyon portera à notre ville un très grand préjudice, mais on attend des chemins de fer des compensations inconnues qui, dit-on, ne sauraient manquer de venir nous dédommager (1). On reconnait que nos prévisions ont une certaine gravité, mais on les croit exagérées. Lyon, suivant les auteurs de ces objections, est une trop grande ville, pour qu'on la traverse ainsi sans s'y arrêter. Si elle perd, dit-on, une partie de son commerce de marchandises, elle verra, en échange, son mouvement d'hommes s'accroître dans une

---

(1) On a dit de quelqu'un, que s'il tombait dans la rivière, loin de s'y noyer, il en sortirait certainement *les poches pleines de truites*. Il faudrait à Lyon une dose de bonheur plus grande encore, pour voir son commerce prospérer à raison de causes propres à l'anéantir. Autant vaudrait, vraiment, espérer de gagner à la loterie sans y avoir mis. Il y a des gens qui répondent à tout ce qu'on peut leur dire : Que sait-on ? du bonheur !... Ces gens-là sont vraiment bien heureux.

proportion considérable. On espère enfin que les chemins de fer, en rapprochant les populations qui rayonnent autour de Lyon, doubleront sa sphère d'attraction.

Ces espérances me semblent bien chimériques. A qui indique un mal certain, il faudrait indiquer un remède plus positif, quelque chose de mieux enfin, que de vagues illusions qui ne reposent sur rien. Je ne demanderais pas mieux que d'espérer; c'est chose si douce; et s'il fut jamais une circonstance où l'on dût desirer de se tromper, c'est assurément celle où je me trouve; mais encore faut-il que les espérances dont on se berce reposent sur quelque base un peu raisonnable.

Les villes, considérées dans leur individualité, n'ont pas deux manières de prospérer. Il y a, pour elles, signe de progrès quand leur population augmente; signe de décadence, quand elle diminue.

Or, est-il possible d'espérer qu'un système de viabilité combiné de façon à enlever à une ville le commerce qui alimente sa population, aura pour effet d'augmenter cette population?

On dit que les voyageurs s'arrêteront toujours à Lyon: et pourquoi, je le demande? Ne sait-on pas que les trois quarts de nos actes sont les enfants de l'occasion, bien plus que d'une volonté arrêtée à l'avance? L'homme, on l'a dit mille fois, est essentiellement mouton de sa nature; il saute quand il voit sauter; il sent plus qu'il ne raisonne; l'exemple ou la passion le mènent beaucoup plus qu'il ne se mène lui-même. On l'a défini : un animal raisonnable : raisonnable est de trop, car la raison n'entre pas pour un dixième peut-être dans ses déterminations. Un rien les fixe, un rien les change; la plus légère circonstance l'engage à partir ou à rester; il se trouve dans une voiture qui traverse une ville, il la traverse; il est obligé de changer de voiture, il ira à l'hôtel et y restera. Une boutique fera saillie d'un mètre sur une autre, elle accaparera tous les chalands; c'est ce qu'on appelle la *tombée*. Avec la *traversée*, on veut enlever à Lyon la *tombée*. Cela n'a l'air de rien, et pour une ville pourtant, c'est tout. Que voulez-vous faire d'une boutique sans acheteurs? Le jour donc où la traversée de Lyon aura été exécutée, on pourra, sans trop de crainte de se tromper, mettre écriteau sur ses portes, et y écrire : VILLE A LOUER.

On suppose que, si Lyon cesse d'être un centre d'affaires, il deviendra un centre de plaisirs, et que les populations qui l'entourent, désormais rapprochées par les chemins de fer, y afflueront de toutes parts.

C'est encore là une illusion. Plus la population diminuera, plus la ville verra diminuer aussi les moyens de séduction qui attirent les étrangers. La foule amène la foule, le vide fait le vide. Nous avons de la peine à avoir un bon spectacle, que sera-ce quand nous aurons moins de spectateurs? Les approvisionnements de nos marchands laissent à désirer; ce sera bien pire quand les chalands auront diminué, et quand chacun voudra s'approvisionner à Paris, au moins pour les objets de luxe.

D'un autre côté, la population qui rayonne autour de Lyon, pouvant aller et venir le même jour, n'y séjournera que le temps indispensable pour ses affaires, et, par suite, n'y dépensera rien. Depuis que Versailles a ses chemins de fer, il a perdu ses cafés, ses restaurants, ses marchands; on n'y prend pas un verre d'eau, on n'y achète pas une paire de gants.

Or, les villes, il faut bien le reconnaître, si peu poétique que cela paraisse, ne vivent, en fin de compte, que de ce qu'on y dépense et des affaires qu'on y fait; et quand on ne s'y arrête pas, on n'y dépense rien, on n'y fait pas d'affaires.

Lyon n'est pas une ville de luxe et de plaisirs, c'est une ville de commerce et de travail. Ceux qui voudront des plaisirs iront les demander à Paris qui se trouvera, grâce aux chemins de fer, à la porte de tout le monde ; ceux qui voudront des affaires les iront chercher où elles seront, et elles seront où seront les marchandises, et les marchandises seront où les chemins de fer aboutiront, et non où ils ne feront que passer.

Il me semble qu'il y a, dans tout ceci, un degré d'évidence bien propre à faire ouvrir les yeux.

Et que ceux qui sont disposés à accuser d'exagération, ces fâcheuses prévisions, veuillent bien me dire sur quoi ils fondent leur sécurité. Espère-t-on que nos fleuves conserveront leurs transports, et, par suite, Lyon son entrepôt et les avantages qui en découlent? Mais, en ce cas, comment vivront les chemins de fer qu'on veut établir parallèlement avec nos rivières?

M. le Préfet du Rhône, dans un rapport, modèle de concision et de limpidité, véritable daguerréotype de l'année administrative qui vient de s'écouler, provoque, à ce sujet, des espérances que j'aurais été heureux de pouvoir partager (1). Il promet

---

(1) C'est une excellente pratique que celle qui a été adoptée par MM. les Préfets, de dresser, à l'époque de chaque session des conseils-généraux, le bilan administratif de leur département. Il est bien que le pouvoir sorte quelquefois de son nuage, et vienne communiquer directement avec le public, car, en fait, c'est bien plus encore pour le public que pour les conseils-généraux que sont publiés ces comptes-rendus. L'autorité trouve ainsi l'occasion de s'adresser à l'opinion, de rectifier les faits, de présenter les choses sous leur véritable jour.

Ainsi, par exemple, on sait qu'on avait fait de l'impôt des patentes une

tout à la fois, à la navigation et aux chemins de fer, un avenir prospère. — Suivant lui, les mar-

très grave affaire ; la population s'en était émue à Lyon, et chacun croyait, moi tout le premier, que cet impôt avait été pour le moins doublé ! Les journaux avaient écrit là dessus, aussi bien pour que contre, des milliers de colonnes, et la chose n'en était que plus obscure. Or, voici qu'en quelques lignes le rapport de M. le Préfet du Rhône a jeté sur cette question une lumière qui ne permet pas même la discussion. Le nouveau classement a amené beaucoup de diminutions et quelques augmentations ; il a eu de plus pour effet d'imposer un grand nombre de contribuables qui ne l'avaient pas été ; ce qui, assurément, est juste, car la première condition de l'impôt est d'être réparti sur tous, en raison des facultés de chacun.

Il est résulté de ce classement que les patentes qui s'élevaient, droit fixe et droit proportionnel compris, en moyenne, dans le département du Rhône à fr. 48 87, ont été *abaissées* à la moyenne de 45 75 !

D'où sont donc venues toutes ces clameurs ? De ce que ceux qui ont été diminués n'ont rien dit, et de ce que ceux qui ont été augmentés ont crié ; or, un homme qui crie, fait plus de bruit que cent mille qui se taisent.

Le même rapport a eu pour effet de jeter un jour satisfaisant sur la question des soieries chinoises, question qui agitait notre fabrique et la divisait en deux camps rivaux.

Je crois que le ministère devrait faire, pour le pays, ce que les chefs de l'autorité départementale font pour les départements, et adresser à la France un compte-rendu de chaque année administrative. Ce document, dans lequel la politique ne devrait occuper qu'une place très restreinte, aurait un chapitre par ministère. Il rappellerait les faits importants qui seraient survenus et les lois d'utilité publique qui auraient été rendues ; il ferait connaître la situation de notre marine et de notre armée, aussi bien que les progrès qu'auraient fait les grands travaux publics, le mouvement de l'impôt, celui de la population, la balance commerciale, l'accroissement ou le décroissement des crimes toutes choses qui fourniraient le moyen de livrer à l'appréciation générale, les résultats obtenus par l'administration, et la marche en avant ou en arrière qu'aurait fait le pays dans la voie du progrès.

Ce rapport serait simple et concis ; il ne contiendrait que des faits et des chiffres certains, et fort peu de raisonnements. L'un de ses avantages serait de fournir au Gouvernement le moyen de prendre la parole offi-

chandises s'accroîtront avec les moyens de transport, les voyageurs avec les bateaux et les wagons. Il attend ces résultats du développement intellectuel, de la fécondité industrielle, de l'énergie commerciale du pays, qui sont loin, dit-il, d'avoir atteint leurs dernières limites. Où la vie surabonde, ajoute-t-il, il faut cumuler les artères.

Ce sont là de fort séduisantes perspectives; c'est

ciellement, de détruire les erreurs accréditées, de ramener l'opinion si elle s'égarait, de circonscrire le terrain sur lequel s'agite cette éternelle et stérile polémique de la presse quotidienne. Le pouvoir a, il est vrai, ses journaux ; mais ces organes, plus ou moins avoués de sa politique, sont généralement mal inspirés, mal renseignés même, et le compromettent bien plus qu'ils ne le défendent ; ce sont les journaux de tel ou tel ministère, de tel ou tel parti, de tel ou tel homme, bien plus que de véritables organes du pouvoir envisagé dans son principe, et non dans ses hommes.

Ce rapport, qui sortirait tout à fait des formes ordinaires, ne serait adressé ni au roi, ni aux chambres, mais bien uniquement au public. Ce serait là une chose de bon goût, et qui ferait bon effet. La mystification de *la souveraineté populaire* serait un peu moins forte, et le public saurait gré au gouvernement de cette marque apparente de déférence ; il verrait avec plaisir ceux qui sont placés à la tête du pays venir lui rendre compte annuellement de cette immense gestion, et lui faire connaître d'une manière exacte la situation des choses. De tous les actionnaires, nous sommes assurément les plus commodes, nous n'exigeons ni part de profits, ni dividendes ; serait-ce donc trop que de demander qu'on voulut bien venir nous dire, une fois l'an, où nous en sommes, et de nous rendre un peu compte de nos affaires? Les débats des chambres, généralement diffus, portant presque toujours sur des questions politiques, sans ordre, sans ensemble, sont loin de remplir ce but.

Il faudrait que la rédaction de ce grand rapport annuel, auquel trois cents pages suffiraient, fut confiée à un homme de talent, qui sut donner quelqu'attrait à la lecture de ce document, et qu'il fut répandu avec une grande profusion, envoyé à tous les maires et vendu au besoin à très bas prix.

là un beau mirage; mais j'ai peine à y croire. Voilà vingt ans que la navigation fluviale s'épuise en efforts et en sacrifices de tous genres; or, si elle a eu tant de peine à se soutenir; si elle a dû compromettre, à cet effet, tant de capitaux, alors qu'elle n'avait pas la redoutable concurrence qui la menace, comment espérer qu'elle prospérera avec cette concurrence? L'aliment qui ne suffisait pas à un service, suffirait-il à deux? Que les voyageurs se multiplient, je le comprends.... mais les marchandises ! Pour les faire voyager, il faut qu'elles existent, il faut les produire. Or, si on augmente la production, alors que déjà elle dépasse la consommation, au point de produire des crises commerciales de la nature de celles dont nous avons été trop souvent témoins, que deviendra le commerce, que deviendra l'industrie, et cet équilibre déjà si difficile à maintenir entre la production et la consommation, ne sera-t-il pas définitivement rompu? N'a-t-on pas dit que c'était le travail qui manquait aux travailleurs, et non les travailleurs au travail? N'a-t-on pas dit que tous nos maux étaient dans l'augmentation immodérée de la population, c'est-à-dire des travailleurs, et le remède dans le ralentissement de cette augmentation (1)? Et, s'il en est ainsi; si

---

(1) Duchatel. — *De la Charité dans ses rapports avec l'état moral et le bien-être des classes inférieures.* M. Duchatel, actuellement ministre de

les travailleurs surabondent ; si la production va toujours trop vite ; si, en d'autres termes, il y a toujours trop de marchandises, comment et pourquoi espérer qu'elles vont se multiplier à l'infini ?

Penserait-on que nos chemins de fer attireront à eux le transit qui se fait à l'étranger; que Marseille, par exemple, dépouillera Gênes, Trieste ou Rotterdam, et qu'ainsi nos transports s'augmentant sans cesse, fourniront à nos rail-ways un aliment suffisant, sans rien enlever à notre navigation fluviale? Cette espérance serait bien téméraire. Nous avons à faire à des rivaux qui ne restent pas désarmés. On construit des chemins de fer partout. Si nous faisons des efforts pour attirer à nous le transit des nations rivales, ces nations n'en font pas de moins grands, non seulement pour le conserver, mais pour nous enlever le nôtre. Et ces gouvernements, tels que la Belgique, le Piémont et la plupart des états allemands, exécutant eux-mêmes leurs chemins, et restant maîtres de leurs tarifs, seront, sous ce rapport, dans une situation mille fois préférable à la nôtre. Dans cette grande bataille industrielle et commerciale, nous entrons en campagne, traînant aux pieds le lourd boulet des tarifs, et les mains liées par les compagnies. Il y aura donc du bonheur si

l'Intérieur, propose, comme moyen de s'opposer à l'accroissement de la population, *la prudence dans les mariages*, p. 314.

nous sortons victorieux d'une lutte ainsi engagée.

M. le Ministre des travaux publics ne semble pas être, au surplus, aussi rassuré sur ce point que M. le Préfet du Rhône. En effet, dans son rapport aux Chambres sur la loi de concession du chemin de fer de Lyon à Avignon, il a attribué au Rhône *un quinzième* seulement du mouvement qui existe sur cette ligne, ce qui veut sans doute dire que, dans son opinion, le chemin de fer n'est possible qu'à la condition d'anéantir notre navigation ; car n'est-ce pas l'anéantir que de lui enlever la plus forte partie de ce qui lui a à peine suffi jusqu'à présent (1) ?

Quant à Lyon, si son commerce de marchandises, alimenté par ses fleuves, doit, par suite, di-

(1) Je crois que M. le Ministre s'abuse, et mon opinion est que notre navigation fluviale doit, avec les améliorations qui lui sont promises, conserver une forte partie des transports dont elle est en possession ; mais on ne saurait se dissimuler que ces deux voies, dont la puissance d'action n'a pas de bornes, ne pourront pas vivre en état de rivalité, et que si elles fonctionnent concurremment, elles ne pourront le faire que de concert, autrement l'une des deux périrait nécessairement dans le combat. S'il y a à Lyon solution de continuité, nos fleuves pourront lutter ; si, au contraire, Lyon est traversé, ce sont les chemins de fer qui resteront maîtres, et la navigation sera tuée. Cette grande question de la traversée de Lyon est donc, par suite, une question de vie ou de mort pour notre navigation fluviale, et ceux qui, tout en demandant les chemins de fer, veulent avant tout, et avec tant de raison, le maintien de notre navigation, doivent repousser la traversée qui lui donnerait un coup mortel, et ferait de la réunion des deux services, c'est-à-dire, de la paix entre la barque et le wagon, une condition indispensable ; ou de l'anéantissement de l'un d'eux, une impérieuse nécessité.

minuer dans la même proportion, c'est-à-dire, se réduire au quinzième du mouvement actuel, que deviendra-t-il ? que deviendront les deux tiers de notre population qui en vivent ? Si le chiffre ministériel était pris au sérieux, il faudrait donc encore aller au delà des prévisions dont je viens de faire le triste tableau.

Ainsi, pour Lyon, tout se résume dans ces mots : la solution de continuité ou la mort. Délibérer sur l'emplacement du décarcadère, c'est délibérer sur la question de savoir si on placera à la tête ou aux pieds, le remède qu'on veut appliquer à un cadavre!

II.

DE LA TRAVERSÉE DE LYON ENVISAGÉE AU POINT DE VUE
DE L'INTÉRÊT GÉNÉRAL.

Maintenant qu'il a été démontré que la traversée de Lyon serait une cause de ruine pour cette ville, il nous reste à l'envisager au point de vue de l'intérêt général.

Cet intérêt existe-t-il ?

Et, s'il existe, a-t-il le degré de gravité indispensable pour justifier une mesure qui serait de nature à amener la décadence et la ruine d'une ville comme Lyon ?

Si cette double question peut se résoudre affirmativement, la traversée est d'intérêt général, et il ne faut pas hésiter. Le pays avant Lyon, cela est évident; le tout vaut mieux que la partie.

Si c'est le contraire qui est démontré, le projet que je combats sera irrévocablement condamné, et devra être dès-lors abandonné.

Mais, avant d'entrer dans cette discussion, il me semble nécessaire d'examiner en principe, ce qu'on entend par ce mot d'intérêt général, et d'assigner, une fois pour toutes, la véritable signification qu'on lui donne, et celle qu'il devrait avoir.

Considéré comme chose abstraite et absolue, certes l'intérêt général, c'est-à-dire l'intérêt de tous, est assurément chose sainte et sacrée, et il n'est rien qui ne dût lui être sacrifié; mais comme il n'a aucun mode de manifestation qui lui soit propre; comme il manque d'un signe apparent auquel il puisse être reconnu; comme chacun le place dans la réalisation de ses projets, dans la satisfaction de ses appétits ou de ses passions, il s'en suit que ce mot, dans la langue pratique et politique, a un sens diamétralement opposé à celui que lui accordent la philosophie et la raison, suivant lesquelles l'intérêt général est bien l'intérêt de tous, tandis que, suivant la politique, l'intérêt général est celui des hommes à qui on a donné, ou qui se sont attribués le droit de le faire parler.

L'intérêt général est un dieu, mais un dieu muet et qui n'a point de prêtres. Abstractivement, c'est un mythe; politiquement, c'est un masque, ou bien, si l'on veut, une addition que chacun fait à son gré.

Inscrit sur toutes les bannières, sur celles de la Rose blanche comme sur celles de la Rose rouge, sur celles du Roi aussi bien que sur celles de la Ligue; il n'est pas de crime politique dont il n'ait été le prétexte, pas d'ambition qui n'en ait fait son marche-pied.

C'est au nom de l'intérêt général qu'ont été suscitées toutes les guerres, même les plus impies; c'est en son nom que se sont consommées toutes les oppressions, toutes les entreprises tentées contre les droits et les libertés de l'homme; c'est en son nom que se sont faites toutes les Saint-Barthélemy, celles des rois aussi bien que celles des peuples, car chacun a eu les siennes; c'est en son nom que Louis XVI est monté sur l'échafaud, et que *sainte Guillotine*, pour parler le langage du père Duchêne, *a été couronnée reine de France;* c'est en son nom qu'agissaient les Septembriseurs de Maillard, les Noyeurs de Carrier, les Mitrailleurs de Couthon et de Challier; c'est en son nom qu'ont été faites les ordonnances de juillet; c'est en son nom qu'on en a emprisonné, et qu'on voulait en pendre les auteurs; c'est en son nom que M. Thiers veut renverser M. Guizot, comme c'est en son nom que M. Guizot avait renversé M. Thiers.

L'intérêt général ne représentant donc, dans *la réalité*, que l'intérêt, comme je l'ai dit, de celui qui le fait parler, n'est autre chose que l'intérêt privé cherchant à usurper l'intérêt ou le droit des autres; tandis que le véritable intérêt privé, image parfaite de l'intérêt de chacun, exprime et représente, à bien plus juste titre, l'intérêt général. Etrange renversement de mots et d'idées, qui bouleverse la raison, et que la raison est pourtant forcée de reconnaître.

Toute société est une association dans laquelle chacun met en commun, pour les besoins de la communauté, sous forme d'impôt, une part de sa propriété; sous forme de loi, une part de sa liberté.

Le meilleur gouvernement et les meilleures institutions sont donc ceux qui harmonisent le mieux le droit de tous avec celui de chacun, l'intérêt général avec l'intérêt privé; ou qui, en d'autres termes, procurent la plus grande somme possible de bien-être à la communauté, en demandant à l'individu, la moindre part possible de sa propriété et de sa liberté.

Dans les gouvernements absolus, l'intérêt privé est absorbé; l'individu, corps et biens, est à la merci de l'intérêt général, c'est-à-dire de ceux qui parlent et agissent en son nom.

Dans les gouvernements représentatifs, la loi a fait deux parts des droits et des facultés de chacun, l'une qu'elle a laissée à l'individu qui en reste maître absolu, l'autre qu'elle a abandonnée à la société, à la charge par elle de garantir à chacun la libre jouissance de ce qu'il s'en est réservé.

Le gouvernement qui, loin de rester fidèle à ce mandat, porterait lui-même atteinte au droit qu'il est chargé de défendre et protéger, violerait la première et la plus essentielle des clauses du contrat social en vertu duquel il existe; et, en nous replaçant dans l'état de nature, il nous en restituerait, contre lui-même, tous les droits (1).

Aussi la mesure du respect qu'inspire l'intérêt privé est-elle la mesure de la liberté dont jouit un peuple. Quand ce respect sert de règle au gouvernement, chacun dort en paix; si c'est l'intérêt général qui prévaut, chacun tremble, car il a à défendre son droit contre un droit personnifié dans

(1) Dans l'état de nature, la liberté, de droit est entière, mais de fait, elle est nulle, parce que là le droit est subordonné à la force.

Dans l'état social, au contraire, la liberté est moindre de droit, puisque l'individu en a cédé la part qui a été mise en commun, mais de fait, elle est plus considérable, parce que là, la force est subordonnée au droit.

des hommes revêtus de la force, et qui dit homme, dit passion. L'intérêt général ne peut pas être opprimé par l'intérêt privé, tandis que l'intérêt privé est trop souvent opprimé par l'intérêt général; ce qui fait qu'on ne saurait jamais trop se porter au secours du premier. Voyez l'histoire ! La liberté a toujours triomphé avec l'intérêt privé; elle a toujours été vaincue avec lui. Hampden, le Meunier de Sans-Souci, n'étaient-ils pas les représentants de l'intérêt privé?

Le véritable, le grand intérêt général c'est donc que l'intérêt privé soit respecté, car l'intérêt privé c'est l'homme, c'est-à-dire le droit et la liberté; tandis que l'intérêt général n'est plus qu'un mot ou une négation, si on le sépare de l'intérêt privé, et si on le personnifie dans un ou plusieurs hommes, il n'est plus que le caprice ou la volonté de ces hommes; c'est-à-dire l'absence du droit ou la tyrannie. Je ne dirais pas cela de l'intérêt général véritable, qui est l'intérêt de tous; de l'intérêt général dans son acception philosophique; ce serait un blasphème. Je le dis de l'intérêt général politique, parce que c'est celui au nom duquel, en fait, on a toujours agi.

La conscience publique, me dira-t-on, est là pour distinguer le véritable intérêt général du faux..... La conscience publique !.... mais elle n'a pas plus de moyens de se manifester que l'intérêt général lui-même; c'est un mythe ajouté à un autre mythe, et comme chacun se prétend l'organe de l'intérêt général, chacun aussi se prétend l'écho de la conscience publique. Allez donc prouver le contraire à ceux qui parlent en son nom !

La France tout entière n'est-elle pas avec la *Gazette*, au dire de la *Gazette?* avec le *National*, au dire du *National?* avec les *Débats*, au dire des *Débats?* N'en sommes-nous pas encore, sous ce rapport, à la confusion des langues, et la politique a-t-elle trouvé son Moïse, c'est-à-dire, son véritable interprète du véritable intérêt général? Pour cela, a dit le philosophe de Genève, il faudrait être doué des vertus les plus sublimes. Je dirai mieux : pour cela, il ne faudrait plus être homme !

On dit que l'intérêt général a un organe digne de confiance dans les grands pouvoirs de l'Etat ! Est-ce que tous les Etats et toutes les époques n'avaient pas leurs grands pouvoirs, et cela a-t-il empêché que l'intérêt général ait été le prétexte de toutes les iniquités que l'histoire s'est chargée d'enregistrer ?

On conviendra donc avec moi, si on veut bien y réfléchir et se placer dans la réalité des faits, que rien n'est plus dangereux que l'intérêt général comme il est entendu par tous les partis. Il n'est point de dieu qui se soit vu immoler plus de victimes ; car aux plus terribles, des hécatombes d'hommes suffisaient, tandis qu'à l'intérêt général, il faut des hécatombes de peuples et de villes ! Et n'est-ce pas, en effet, un sacrifice de ce genre qu'on vient nous demander aujourd'hui en son nom ?

Et cependant, l'intérêt général véritable est, je ne saurais trop le répéter, ce qu'il y a de plus sacré, mais l'homme pousse tout jusqu'à l'abus, et il n'est pas de principes, quelques salutaires qu'ils soient, auxquels il ne trouve le moyen de faire produire les conséquences les plus funestes. On dit que les brigands napolitains font le signe de la croix avant de faire feu sur leurs victimes; il en est un peu de même de tous les hommes; c'est toujours au nom de quelque chose de respectable que se font les entreprises qui le sont le moins ; c'est au nom du pays, du peuple, de la patrie, de la nature, de l'humanité qu'ont été presque toujours commis les plus exécrables forfaits !

Mais de ce que l'intérêt général peut souvent manquer d'organes éclairés et consciencieux, faut-il conclure qu'il doit être foulé aux pieds et sacrifié lui-même à l'intérêt privé ? Assurément non ; ce serait tomber d'un excès dans un autre. C'est contre l'abus, et non contre le principe, que je me suis élevé, et mon unique but a été de faire voir tous les dangers que présente la légèreté avec laquelle on invoque à tout propos l'intérêt général, arme à deux tranchants qui blesse souvent la main qui s'en sert.

Mais ce n'est pas tout que de se mettre en garde contre les faux semblants d'intérêt général, derrière lesquels se cache si souvent l'ambition personnelle, il faut encore, alors même que cet intérêt existe réellement, en examiner la nature et en peser la gravité, afin de s'assurer s'il vaut ou non ce qu'on veut lui sacrifier.

En effet, tout pays a des intérêts de sortes et de gravités diverses; des intérêts de vie et de mort; des intérêts de simple convenance ou même de pure fantaisie; des intérêts devant lesquels tout doit fléchir; des intérêts, au contraire, qui doivent fléchir eux-mêmes devant le droit du membre le plus infime de la communauté.

Le mot intérêt général n'a donc pas, par lui-même, une valeur nette et déterminée, et il convient, lorsqu'on veut agir en son nom, d'examiner avec le plus grand soin, le degré de gravité qui lui est propre. Il faut voir si cet intérêt correspond bien véritablement à des besoins majeurs, universels et sérieux, à des besoins dont la satisfaction importe essentiellement à la vie sociale ou au salut du pays; ou s'il n'a, au contraire, pour prétexte que quelques-unes de ces fantaisies, besoins imaginaires créés par la mode, ou par ces engouements passagers auquel la foule obéit, comme la feuille tombée au vent qui la pousse.

Il faut examiner si les avantages qu'on a en vue, valent ce qu'ils devront coûter, et si les efforts et les sacrifices à faire pour les obtenir ne pourraient pas avoir un emploi plus profitable.

Il faut enfin regarder avec soin derrière les choses, et s'assurer si les mesures qu'on veut prendre ne doivent pas amener des conséquences inaperçues d'abord, qui seraient de nature, en fin de compte, à faire au pays plus de mal qu'il n'aurait pu en retirer de bien ; toutes choses qui échappent à l'œil vulgaire de la foule habituée à subir la fascination du milieu dans lequel elle vit, mais que le véritable homme d'Etat, doué de la seconde vue indispensable à ceux qui veulent gouverner les empires, doit découvrir et discerner.—Ainsi, et, par exemple, on admet qu'il est d'intérêt général d'éviter toute interruption dans les lignes de chemin de fer ; mais si, pour satisfaire cet intérêt, il fallait détruire et raser immédiatement une ville comme Paris, Lyon, Marseille ou Bordeaux, y songerait-on ? Non certes ! Il faut donc reconnaître que l'intérêt général n'est pas absolu, et qu'il faut peser ses exigences et les balancer avec le tort qu'il peut faire à l'intérêt qu'on veut lui sacrifier. Or, raser une ville ou la placer dans les conditions d'un inévitable dépérissement, n'est-ce point la même chose? Toute la différence, s'il y en a une, ne consiste-t-elle pas dans celle qui existe entre la mort violente, et la mort donnée par un poison lent?

Il ne faut pas oublier, non plus, que tous les sacrifices imposés à l'intérêt privé, au nom de l'intérêt général, retombent sur lui. C'est une amputation parfois nécessaire, mais toujours douloureuse, et qui n'est permise qu'à la condition d'être *indispensable*; autrement ce serait une mutilation, c'est-à-dire un crime ou un suicide, puisque l'intérêt privé est la base unique de l'intérêt général, ce qui est bien plus vrai encore de l'intérêt de localité, lequel tient le milieu entre ces deux intérêts extrêmes.

« On ne saurait blesser la partie la plus infime de notre corps, a dit J.-J. Rousseau, sans que l'impression douloureuse ne s'en porte au cerveau; il en est de même du corps politique. » « Chez un peuple libre, a dit, de son côté, Montesquieu, tous doivent ressentir l'injure faite à chacun. »

Il ne suffirait donc pas qu'une mesure gouvernementale, qui porterait à l'intérêt privé une atteinte grave, fût, ou plutôt parût être, d'intérêt général, pour qu'elle fut permise ; il faudrait encore que cet intérêt général fut considérable, capital, évident, autrement il devrait céder devant l'intérêt privé, surtout s'il s'agissait, non d'un individu, mais d'une ville comme Lyon, partie elle-même si considérable de cette grande agglomération qu'on appelle le pays.

« Au point de vue de l'économie publique, a dit M. le Rapporteur de la commission d'enquête, on a voulu fonder l'établissement des chemins de fer, sur le respect des droits acquis, sur le maintien des intérêts existants, sur la conservation des capitaux créés. » Il faut donc, avant tout, faire état de ces droits, de ces intérêts, de ces capitaux, et les comparer aux intérêts véritables ou imaginaires qui en demanderaient le sacrifice.

L'intérêt général est un fleuve qui ne vit et n'existe que par les mille sources qui s'unissent dans son sein. Tarir ces sources ce serait le tarir lui-même ! L'habileté gouvernementale consiste, non pas à immoler un intérêt à un autre, mais à les concilier en leur imposant de mutuelles concessions, et à les faire prospérer tous. L'apologue du mont Aventin est encore la meilleure leçon à donner, de nos jours, à ces tranche-montagnes politiques qui veulent tout tuer, tout renverser, et qui ne comprennent la régénération que par la ruine.

Ces principes ainsi posés, il nous reste à en faire l'application au cas spécial qui nous occupe.

Or, quel est l'intérêt au nom duquel on demande la traversée de Lyon, c'est-à-dire sa ruine? Cet intérêt est-il immense; y va-t-il du salut de l'empire; le pays est-il perdu si Lyon n'est traversé, car ce n'est pas pour peu, assurément, que l'on se résigne à de pareilles immolations (1)? Non! Cet intérêt, consiste, écoutez-bien, d'une part, dans l'économie de quelques centimes par cent kilogrammes à faire sur une partie des marchandises qui séjournent aujourd'hui à Lyon;

Et d'autre part, dans quelques minutes à faire gagner aux voyageurs qui voudront le traverser sans s'y arrêter, ainsi que je le dirai plus loin avec de plus amples détails!

(1) Un gouvernement doit d'autant plus reculer devant de semblables mesures, qu'une ville ainsi frappée dans ses sources de vie et de prospérité, est bien réellement et à tout jamais anéantie ; ainsi de Rome, ainsi de Venise, ainsi de Versailles ; tandis que les cités brûlées ou saccagées comme Lisbonne, Sarragosse ou Moscou, se relèvent de leurs ruines. Lorsque ce sont les maisons qui manquent aux hommes, on en est quitte pour les rebâtir, c'est une simple transformation ; mais quand ce sont les hommes qui manquent aux maisons, il n'y a plus de remède, c'est la mort, et c'est celle qu'on veut nous donner ! Un arbre qui a perdu ses branches, repousse; s'il est coupé par la racine, il tombe. Les racines d'une ville, c'est son commerce, c'est son industrie, c'est tout ce qui lui donne vie et la nourrit.

Vit-on jamais un pareil moyen employé pour une telle fin? L'ours assommant son maître pour chasser la mouche qui le pique, n'est vraiment rien en comparaison ; et ce serait faire outrage à la raison publique, que d'insister pour prouver une chose qui se prouve d'elle-même.

A ces considérations toutes d'intérêt matériel, viennent encore se réunir des considérations d'un ordre plus relevé, car elles prennent leur source dans les règles de la justice qui est elle-même, ainsi que l'a dit à si juste titre la commission d'enquête, le premier des intérêts de la civilisation.

Or, et à ce point de vue, n'est-il pas évident que Lyon appelé à supporter sa part des sacrifices que le pays s'impose pour la création de ses chemins de fer, a le droit formel de revendiquer sa part des avantages qu'on s'en promet, et, à plus forte raison, de demander le maintien de ce qu'il possède et de repousser ce qui tend à le dépouiller? Violer ce droit, ce qui ne saurait être permis que dans les cas si rares de la plus impérieuse et de la plus fatale nécessité, ce serait violer à son égard, non seulement toutes les règles de la justice et de l'équité, mais encore, ainsi que je l'ai déjà dit, la clause première du contrat social ; ce serait le délier de ses devoirs envers un pays qui le priverait de ses droits !

C'est dire qu'il ne saurait, dans aucun cas, en être ainsi.

Reconnaissons donc que cette manie de course qui nous a saisis, n'est pas, ne peut pas être, dans ce qu'elle a d'exagéré, un besoin véritable; qu'elle n'est l'expression d'aucun intérêt sérieux et digne de respect; reconnaissons surtout que celui qu'on suppose au pays, dans cette circonstance, est loin d'avoir le degré de gravité et de généralité qui pourrait seul autoriser une mesure propre à porter à une grande ville une atteinte mortelle. C'est ce qui ressort de ce qui précède; c'est ce qui ressortira avec plus d'évidence encore de ce qui nous reste à dire sur la seconde face de cette question. Mais cet intérêt, tout futil qu'il est, existe-t-il réellement? Le contraire ne tardera pas à être démontré.

On comprendra qu'obligé de mettre en regard les avantages et les inconvénients de la traversée, dans ses rapports avec le pays, et abstraction faite de toute considération d'équité, de justice et de droits acquis, c'est-à-dire de supputer ce que la traversée de Lyon rendra au pays et ce qu'elle lui coûtera, je vais me voir forcé de me livrer à des calculs et à des considérations, de leur nature fort arides. Bien donc que cette politique de compte-courant soit peu de mon goût, il faut que je m'y résigne puisqu'elle est une évidente nécessité de la tâche que je me suis imposée.

Or, comptons, puisqu'on le veut; et d'abord, parlons des voyageurs.

Ceux dont il s'agit doivent se diviser en cinq catégories, se composant :

La première, de ceux qui se rendront à Lyon avec l'intention de s'y arrêter;

La seconde, de ceux qui y arriveront, par terre ou par eau, afin d'y prendre le chemin de fer;

La troisième, de ceux qui, amenés par le chemin de fer, auront formé la résolution d'y prendre la voie de terre ou la voie d'eau;

La quatrième, des voyageurs à grandes distances, et qui, partis le matin et arrivant le soir à Lyon, devront s'y arrêter, puisque le service du chemin de fer ne doit pas se faire pendant la nuit, et qu'ils ne peuvent, comme les marchandises, coucher en wagons;

La cinquième et dernière, de ceux qui, ayant pris le chemin de fer à l'une des stations intermédiaires, et pour une destination au-delà de Lyon, se seront proposés de passer par cette ville, sans s'y arrêter.

On voit que la traversée, qui est sans intérêt

pour les quatre premières catégories, n'en peut avoir que pour la cinquième, la moins nombreuse de toutes évidemment, et qui, pour Lyon, ne comptera certainement pas mille voyageurs par jour. Et ce sont ces mille voyageurs qu'on appelle le pays, et dont l'intérêt se décore gravement du titre *d'intérêt général !* C'est ainsi qu'on éclipse souvent, à nos yeux, la vérité, en plaçant entre elle et nos faibles yeux, quelques-uns de ces gros mots qui ne nous imposent que parce que notre esprit paresseux n'a jamais le courage d'aller au fond des choses.

Mais quel est donc l'intérêt que peut avoir, à la traversée de Lyon, cette intéressante catégorie de touristes à laquelle on veut nous sacrifier? Je vais le dire.

Au lieu de traverser Lyon en wagons, ces voyageurs devront le traverser en *omnibus;*

Au lieu de payer 26 centimes (1), ils devront en payer 25 ;

Au lieu de passer sous nos montagnes, à la lueur des reverbères, ils passeront sur nos quais à la clarté du soleil;

Au lieu de faire cette traversée en cinq minutes, ils en mettront dix ou quinze pour aller rejoindre

(1) La traversée de Lyon sera de 4 kilomètres. Le tarif moyen est de 6 centimes et demi, ce qui fait 26 centimes pour la traversée.

l'embarcadère du chemin qui doit les emmener;

Au lieu d'aller coucher dans une station plus éloignée, ou peut-être même chez eux, ils pourront se voir quelquefois exposés à coucher à Lyon;

Toutes choses, du reste, qui se passent de la sorte à Paris, à Bordeaux, à Marseille, à Nîmes, à Montpellier, à Lyon même en ce moment; partout enfin où les chemins de fer s'arrêtent, sans que, jusqu'à ce jour, il ait paru que l'intérêt général ait eu si fort à en gémir.

Quant aux marchandises, elles doivent elles-mêmes se diviser aussi, en cinq catégories comprenant :

La première, les marchandises à la destination de Lyon;

La seconde, celles qui devront subir, dans cette ville, un transbordement pour une ligne autre que celle qui doit former la grande artère de l'Océan à la Méditerranée;

La troisième, celles qui arriveront à Lyon par chemins de fer, pour y prendre la voie d'eau ou la voie de terre;

La quatrième, celles qui arriveront à Lyon par la voie d'eau ou par la voie de terre, soit pour continuer leur route de la même manière, soit pour y prendre les chemins de fer;

La cinquième et dernière, celles qui venant du midi ou du nord, seront chargées pour une destination autre que celle de Lyon.

La traversée de Lyon n'affecte, on le voit, que les marchandises de cette dernière catégorie; mais il est juste de reconnaître que cette catégorie comprend, si on en excepte les marchandises d'encombrement et de grand poids qui continueront à prendre la voie d'eau, la grande majorité des marchandises qui alimentent aujourd'hui le transit et l'entrepôt de Lyon, attendu que cette ligne est le courant où vient aboutir la presque totalité des transports qui traversent la France.

Ceci posé, voyons les chiffres.

M. de La Tournelle (1), rapporteur de la commission chargée d'examiner le projet de loi du chemin de fer de Paris à Lyon, évaluait en 1844, le mouvement de cette ligne à 115,500,000 voyageurs, et à 261,931,800 tonnes de marchandises (2). Il

---

(1) Rapport présenté à la Chambre des Députés, le 31 mai 1844, au nom de la commission chargée d'examiner le projet du chemin de fer de Paris à Lyon.

(2) Il s'agit ici, non du nombre des voyageurs et des tonnes, mais des unités de kilomètres. C'est-à-dire qu'il y a eu 115 millions de kilomètres parcourus par un voyageur, et 261,931,800 kilomètres parcourus par une tonne.

attribuait au chemin de fer la totalité des voyageurs, et le quart à peu près des marchandises, soit 70 millions de tonnes ;

Il supposait que le roulage en conserverait 13 millions, la navigation entre Dijon et Paris 104, la navigation à vapeur sur la Saône 12, et la navigation ordinaire sur la même rivière 50 ;

Il arrivait, au moyen de ces données statistiques fournies par l'administration, à un revenu brut de fr. 17,000,000, et à un revenu net de fr. 8,500,000.

Ces chiffres officiels se posaient en 1844, alors qu'il fallait justifier l'application qu'on voulait faire à cette ligne de la loi du 11 juin 1842, qui mettait à la charge de l'Etat les trois cinquièmes de la dépense, soit environ 120 millions sur 200 !

En 1845, les choses ont changé. La loi du 11 juin ayant été renversée et la compagnie devant être chargée de 200 millions au lieu de 80, il devenait nécessaire que les revenus fussent mis en rapport avec cette nouvelle charge ; et il s'est trouvé qu'au lieu de rendre 8 millions et demi, on a découvert que ce chemin devait en donner à peu près le double, (f. 14,162,000 ») 27,500 f. nets par kilomètre.

Et notez bien que tout ceci s'est passé dans les régions supérieures du pouvoir, au ministère, à la chambre, et à une année d'intervalle..... On voit rarement des chiffres d'une aussi parfaite complaisance !

Quoiqu'il en soit, comme je veux faire reste de droit à l'opinion que je combats, j'accepte les calculs du dernier projet. Le revenu net sera de 27,500 fr. par kilomètre; c'est bien entendu. Il s'en suit que les quatre kilomètres de la traversée de Lyon, qui doivent coûter au pays 12 millions (1), d'après l'exposé des motifs, lui rendront 110,000 f. par an (2), au lieu de 600,000 f., et lui feraient subir, de cette manière, une perte annuelle de 490,000 fr. , somme plus considérable que celle qui serait payée, dans l'hypothèse d'une solution de continuité, en frais de camionage

(1) C'est la compagnie, assurément, qui dépensera ces 12 millions ; mais on suppose bien, sans doute, qu'elle ne les dépensera qu'à charge de remboursement, sous forme de perception de droit, ou autrement, et que, si elle avait ces 12 millions de moins à débourser, les avantages de sa concession seraient tout naturellement diminués d'autant; et d'autant, par suite, les charges imposées au pays, à son profit.

(2) Le mouvement général, aux abords d'une grande ville, est sans doute plus considérable que sur les fractions intermédiaires, d'autant plus que, dans le système proposé, le rail-way intramuros profiterait du mouvement des deux fractions de la ligne générale; mais, en échange, une partie notable des voyageurs et des marchandises ne fera pas la traversée en chemin de fer, et conséquemment ne la payera pas, ce qui fera au moins compensation. Les quatre premières catégories de voyageurs et de marchandises sont dans ce cas ; au surplus, veut-on que je me trompe ? je le veux bien. Admettons que le mouvement sera plus considérable que je ne le suppose. Qu'on double les produits annoncés, qu'on les triple. La perte, pour être moins grande, n'en sera pas moins constante, ni mes raisonnements moins justes.

Et que sera-ce, quand on ajoutera, à cette perte, celle qui résulterait pour le pays, ainsi que je vais le dire bientôt, de la ruine de Lyon ?

et autres, pour les marchandises qui auraient été expédiées en droiture à d'autres destinations que celle de Lyon.

Si la traversée de notre ville se concédait séparément, se trouverait-il quelqu'un assez insensé, malgré la fièvre d'actions qui nous possède, pour oser s'en rendre concessionnaire et y établir à ses frais et à ses risques et périls un rail-way devant coûter trois millions le kilomètre? Non, assurément! Or un chemin de fer est un instrument qui, comme tous les instruments possibles, ne vaut qu'en raison de ce qu'il produit ; et un instrument produisant six fois moins qu'il ne coûte, est un contre-sens, une absurdité, une folie!

Je m'attends à une objection. On me dira peut-être : mais si la traversée de Lyon doit enlever à peine à cette ville un millier de voyageurs par jour; si, en ce qui touche les marchandises, cette traversée doit la priver, tout au plus, de quelques centaines de mille francs que reçoivent aujourd'hui ses porte-faix, pour chargement ou déchargement, pourquoi donc tant s'en effrayer ? L'existence d'une ville comme Lyon peut-elle dépendre de causes aussi insignifiantes? Il y a donc exagération dans vos craintes, ou erreur dans vos calculs. Vous prouvez trop contre Lyon, ou pas assez pour le pays.

A ceci je réponds :

Certes, si Lyon n'avait à perdre que le montant sec de l'économie qu'on semble rechercher, en dispensant, d'une part, quelques voyageurs de manger et de coucher dans ses hôtels, et, d'autre part, les marchandises qui y aboutissent aujourd'hui, de subir un transbordement et un camionage ; le mal ne serait pas grand, j'en conviens, et Lyon s'y résignerait sans peine, car ces frais matériels et immédiats ne forment qu'une partie insignifiante des avantages qu'il retire de son commerce.

Ce n'est, en effet, ni le chargement ni le déchargement de ses marchandises, ni la dépense d'hôtel de ses voyageurs qui le font prospérer, mais bien les affaires auxquelles les marchandises en dépôt ou en transit donnent lieu, mais bien celles qu'elles y appellent, les échanges, les transactions, la vie, le mouvement qui dérivent de la présence des voyageurs, et cette ramification infinie qui en est la conséquence ; toutes choses que Lyon perdrait et que le pays ne gagnerait pas.

Emparez-vous du moteur d'une fabrique, sa valeur intrinsèque ne sera rien pour vous, et pourtant vous aurez détruit la fabrique, vous l'aurez appauvrie de mille, peut-être, sans vous enrichir d'un. Démolissez un édifice, prenez-en les matériaux, que vaudront-ils comparés à la valeur que vous aurez enlevée au propriétaire de cet édifice? Eh bien, il en est de même des dépouilles commerciales d'une ville, de *sa démolition* industrielle, s'il est permis de s'exprimer de la sorte. En vous en emparant vous ne gagnez pas la centième partie de ce que vous lui faites perdre. Ce que vous nous enlevez était un édifice, ce que vous prenez, ce ne sont que des matériaux de démolition, des ruines! Et voilà ce qui explique l'immense intérêt que Lyon a à conserver, ce dont le pays n'a lui-même qu'un très chétif intérêt à le dépouiller.

Cette vérité ressortira encore bien plus frappante si on veut réfléchir à l'insignifiance finale de l'économie après laquelle on court.

En effet, la marchandise arrive en général au consommateur *réel*, par petites quantités, par kilogrammes, par demi kilogrammes; or, qu'on fasse attention à ce que peut être un dégrèvement de deux à trois francs par tonne, par exemple, qu'on aura pu économiser. Ce sont deux ou trois décimes par quintal métrique, un ou deux cinquièmes de centime par kilogramme! Notre système monétaire permet-il une pareille graduation dans l'échelle des prix de la petite consommation, et ne doit-il pas demeurer évident que l'économie qu'on cherche à faire aux dépens de notre industrieuse et active population pourra bien grossir les dividendes, les profits des intermédiaires, mais que la consommation réelle n'en profitera en aucune façon? Quelques centimes sur cent kilogrammes de houille ou de toute marchandise encombrante, de grand poids et de peu de valeur, n'ayant pas besoin de célérité, mais de bas prix sont quelque chose, sans doute; mais ces marchandises ne prendront-elles pas toujours la voie d'eau, qui présente une différence de prix considérable sur le chemin de fer?

Je ne sache pas qu'un rail-way, malgré toutes nos magnifiques prédictions, ait encore amené une baisse appréciable dans le prix des marchandises servant à la consommation courante et ordinaire. Comment, dès-lors, attendre d'une simple traversée ce que les chemins eux-mêmes n'ont produit nulle part?

Il convient encore de remarquer que les expéditions partant généralement par masses des grands centres de productions agricoles ou industrielles, on ne pourra jamais se passer, quoiqu'on fasse, de dépôts ou lieux de triage, d'où les marchandises puissent rayonner du centre aux circonférences, et que, dès-lors, si on détruit l'entrepôt de Lyon, ce sera pour le diviser sur d'autres points; que si on ne transborde pas ici les marchandises, on les transbordera ailleurs, et que ce que Lyon perdra ne sera pas gagné par le pays, mais par d'autres localités.

La solution de continuité propre à protéger notre navigation fluviale, en plaçant nos rail-ways dans la condition où se trouvent nos fleuves, fera beaucoup plus pour l'abaissement des prix de transport, et profitera davantage, dès-lors, au pays qu'un système qui, pour dégrever la marchandise de quelques fractions de centimes, donnerait à la navigation un désavantage de nature à l'anéantir, aidée qu'elle sera dans la ruine qui la menace, par la toute puissante influence des compagnies de chemins de fer qui sauront bien se la faire immoler comme le reste.

Ajoutons qu'au point de vue de l'intérêt général, au point de vue du commerce international aussi bien que du commerce intérieur, au point de vue, enfin, de notre industrie et de notre agriculture, rien n'est plus convenable que l'existence et le maintien des grands marchés ou entrepôts intérieurs que possède la France, et qui la partagent en trois zônes commerciales d'étendue à peu près égales.

La consommation principale n'est pas aux frontières, et avec cette manie d'y tout expédier à vol d'oiseau, le commerce se verrait souvent contraint, suivant les péripéties de cette consommation, ou seulement au gré des caprices de la spéculation, de faire revenir à l'intérieur, ce qu'à grands frais on en aurait éloigné. Telle marchandise qui aura traversé

Lyon pour aller à Paris ou à Marseille, y sera peut-être rappelée par les besoins ou les calculs imprévus dont je viens de parler ; et tout cela, bien entendu, aux dépens du consommateur, c'est-à-dire du public. Puis, si vous lancez d'un trait hommes et marchandises d'une frontière à l'autre ; si vous y faites vos entrepôts, si vous y portez votre mouvement, l'étranger ne sera-t-il pas amené à négliger vos fabriques intérieures où ne l'appèleront plus les affaires que vous en aurez éloignées ? Cet isolement fait autour d'elles ne leur sera-t-il pas funeste, et ne serons-nous pas exposés à voir le commerce tourner autour de la France, s'il est permis de s'exprimer ainsi, sans y entrer ?

Mais que sont tous ces inconvénients, si graves pourtant, comparés au tort matériel qui résulterait, pour le pays, de la perte d'une ville qui est elle-même un capital national énorme et dont on ne comprend pas qu'on ait pu avoir la sacrilége pensée de mettre en balance l'existence avec les futiles avantages qu'on poursuit avec une si puérile étourderie ?

A voir, en effet, la manière dont on parle de l'opposition qui existerait entre l'intérêt de la ville de Lyon et l'intérêt général on dirait vraiment qu'on oublie qu'un pays n'est rien, sans les parties qui le composent; qu'il perd lui-même tout ce que ces parties perdent, et que, s'il anéantit une ville, il s'appauvrit de tout ce qu'elle vaut, de tout ce qu'elle lui rend.

Or, les quelques minutes et les quelques centimes auxquels on veut sacrifier Lyon valent-ils ce que le pays, en le perdant, perdra en gloire, en produit, en argent? l'impôt seul des patentes à Lyon, représente plus de trois fois l'économie à laquelle on vise.

En considérant donc cette ville à ce point de vue unique, dépouillée de tout droit personnel, envisagée comme un fief dont le pouvoir peut disposer, le pays ferait encore un bien mauvais calcul en la sacrifiant aux considérations si légères qu'on met en avant pour combattre la solution de continuité. En agir ainsi, ce serait bien évidemment imiter cet insensé de la fable qui tue sa poule aux œufs d'or; ce serait, ainsi que le dit le proverbe, répandre de l'huile pour ramasser de l'eau. L'Angleterre ou toute autre nation rivale et jalouse de notre grande industrie payerait notre ruine beaucoup plus que cela.

De tout ce qui précède, et de quelque manière qu'on envisage la question, il résulte évidemment que l'intérêt général, loin de réclamer la traversée de Lyon, en éprouverait lui-même une très vive atteinte.

Maintenant que faire, et tout espoir est-il perdu ? Assurément non. — Si, en présence du péril, le signaler est un devoir ; quand le mal est fait, le silence seul est digne et convenable, et ce serait certainement le parti que j'aurais pris, si la situation m'eût paru désespérée. Heureusement il n'en est pas encore ainsi.

Mais si, au mal que nous avons signalé, il y a un remède, quel est-il ?

Mon Dieu, ce remède est bien simple, mais avant de l'indiquer, c'est-à-dire avant de signaler ce qu'il convient de faire, il devient indispensable de rappeler ce qu'on a fait.

J'ai demandé la permission de dire mon avis en toute liberté ; c'est à ce moment que j'ai besoin qu'on m'accorde cette permission. Ce que nous devons avant tout à nos amis c'est la vérité, et je ne crois pas que Lyon ait un ami plus sincère que moi. Il n'est pas, si je ne me trompe, une circonstance douloureuse où je n'aie essayé de le lui prouver. Je croirais donc avoir acquis le droit de lui parler en toute franchise, alors même que ce droit ne serait pas le premier de tous les devoirs. Ceci expliquera et fera excuser, je l'espère, ce qu'on pourra trouver de trop amer dans mes paroles. Le rôle de la fille de Priam est peu agréable et ne me sera pas envié ; on se moqua d'elle, mais Troie fut réduite en cendres; on se moqua du prophète de Jérusalem, mais Jérusalem fut détruite. Espérons que je serai moins bon prophète, ou qu'on me croira mieux.

III.

CE QUE LYON A FAIT A PROPOS DE LA TRAVERSÉE ; CE QU'IL DOIT FAIRE.

La traversée de Lyon a été décidée sans que personne ait paru en concevoir la moindre inquiétude. Cette impassibilité est-elle, de notre part, du désintéressement, de la résignation, du stoïcisme? hélas non! Notre sang-froid, en présence du danger qui nous menace, vient tout simplement de ce que nous ne l'avons pas compris. Nous nous précipitons dans le gouffre de Curtius, mais à reculons et sans le voir. Nos destinées se pèsent, le dé sur lequel on joue notre avenir s'agite prêt à prononcer son arrêt, et on nous voit, paisibles et insouciants, rire aux théâtres, jouer à la Bourse, dormir enfin, non pas du sommeil du juste, mais d'un autre sommeil que je ne dois pas dire; et notre cité indifférente et calme se livre aux coups du destin, comme le mouton à la main qui le tond, au couteau qui le tue!

Nous prenons feu pour une querelle de théâtre, et nous sommes de glace en présence des plus graves intérêts. Qu'on nous conteste le droit de siffler un acteur, une pauvre femme qui pleure et demande grace; nous nous lèverons comme un seul homme, sans en excepter même ceux qui ne mettent jamais le pied au théâtre. Qu'on menace l'existence, l'avenir de notre ville par une de ces mesures dont l'appréciation exige quelque attention, quelque étude, nul ne dira mot! Lacédémoniens de théâtre, Athéniens en politique, nous n'attachons d'importance qu'à ce qui n'en a pas; nous traitons gravement les petites choses et légèrement les grandes.

Voyez la question des eaux! quoi de plus ridicule que ce qui se passe? Nous nous querellons depuis je ne sais combien d'années pour savoir si nous boirons de l'eau de source ou de l'eau du Rhône, et en attendant nous restons sans eau, ni plus ni moins que l'âne de Buridan mourant de faim entre deux picotins.

Nous avons tous pris, il faut bien l'avouer, la grande question qui nous occupe par son petit côté. On a songé à sa maison et à son quartier, sans songer à la ville dont la décadence ruinera cependant toutes les maisons, tous les quartiers. Ceux-ci sont de Vaise, ceux-là de Perrache, les autres de la Guillotière ; nul n'est vraiment de Lyon. Le débarcadère général est un autre cheval de Troie, chacun le tire à soi, personne ne lui sonde les flancs. C'est une proie empoisonnée ; on a vu la proie, on ne voit pas le poison, et nous nous le disputons comme des insensés qui s'arracheraient le linceul destiné à les ensevelir tous.

Les corps électifs, les citoyens les plus éclairés, les plus considérables, les plus honorés et les plus dignes de l'être, ont donné dans le piége ; et le péril, parce qu'il n'est pas immédiat, ne préoccupe personne. Les habitants de Fampoux ont été mieux avisés ; aussi ont-ils obtenu leur rail-way. Fampoux se faisant écouter, et Lyon restant la bouche close parce qu'il n'a pas su ouvrir les yeux ; quel enseignement ! Serait-il donc arrivé pour nous ce moment dont parle le poète :

Ce moment de vertige et d'erreur,
De la *mort* des *cités* funeste avant-coureur.

La fatalité qui semble peser sur nous est d'autant plus déplorable que, pour conjurer le péril, il nous eût suffi, il nous suffirait peut-être encore d'y croire. Vienne une de ces convictions puissantes et énergiques qui, réunies et soudées en masse compacte, forment, en s'assimilant, ces courants d'électricité populaire auxquels seuls il est donné de commander au pouvoir et de maîtriser ses déterminations, et nous pourrons être sauvés. Oh! qu'il est bien vrai de dire qu'avec la foi on peut transporter les montagnes! Qu'on se figure, en effet, Lyon tout entier, *bien convaincu* que la mesure projetée est sa mort; qu'on suppose cette conviction entière, profonde, universelle; qu'on se la représente dans tous les esprits, chez le riche comme chez le pauvre, chez le maître comme chez l'ouvrier; que cette mesure nous apparaisse comme un glaive suspendu sur nos têtes, que chacun en ait *peur*, mais *vraiment peur*, et on verra combien ce qui semble impossible sera facile! Le pouvoir est trop sage pour ne pas comprendre tout ce qu'il y a de sacré et de sérieux dans le vœu unanime d'une grande et importante population; il est trop habile pour s'exposer à sa désaffection et à son mécontentement, en vue des minces et problématiques avantages de la mesure proposée.

On ne sait pas assez tout ce qu'il y a de décisif dans l'attitude d'une ville comme Lyon qui jette résolument son poids de seconde ville du royaume, dans la balance gouvernementale. S'agit-il de faire de l'émeute, de l'agitation même? O mon Dieu non! Il s'agit tout simplement de réclamer avec énergie, mais pacifiquement et légalement (1). Il s'agit d'éclairer le pouvoir qui ne demande sans doute qu'à l'être ; il s'agit de l'aider de l'influence qui peut appartenir à notre ville contre les influences contraires; il s'agit enfin de demander justice par tous les moyens à notre disposition, par tous les organes autorisés à se faire entendre en son nom.

(1) Espérons que notre Conseil municipal voudra bien se saisir de la question, et l'examiner avec la plus scrupuleuse attention, sans oublier que, n'ayant pas encore été appelé à en délibérer, ainsi que je l'ai expliqué en commençant, il a, dès lors, toute indépendance, toute liberté de se prononcer dans tel ou tel sens, sans avoir à se déjuger, sans que son amour-propre de corps ait à en souffrir, quoiqu'il arrive. Composé et présidé de manière à nous donner la conviction qu'il ne fera pas défaut, en cette circonstance, à sa haute mission, ce conseil comprendra certainement qu'il assumerait, par son silence, une redoutable responsabilité, et il ne voudra pas que sa mémoire reste à jamais chargée de l'éternel malheur d'avoir laissé passer, sans les plus énergiques protestations, une mesure propre à consommer la ruine d'une ville qui lui avait confié le soin de surveiller et de sauvegarder son avenir et ses intérêts.

Espérons que les autres corps délibérants de la cité ou du département, élus ou nommés, prendront également cette affaire à cœur. Les membres qui composent ceux de ces corps qui sont hors de session, penseront sans doute qu'ils peuvent se réunir sans caractère officiel, délibérer, s'éclairer, puis, au besoin, demander une session extraordinaire.

Il faut encore que la presse locale de toutes les opinions prête à la ville son concours et défende sa cause, ses droits et ses intérêts avec le talent et la chaleur dont la plupart de ceux qui la dirigent ont souvent fait preuve.

Il faut qu'à tous ces efforts l'opinion publique joigne ses unanimes et énergiques manifestations.

Il faut qu'au besoin chaque quartier, chaque rue s'organisent en commission, en syndicat, et nomment des délégués chargés de les représenter.

Il faut enfin que, sans se reposer sur son voisin, chacun s'aide, ainsi qu'on le fait dans un péril commun.

Mais à tout cela, je dois le dire, il y a une condition première, c'est que chacun soit *convaincu*. Dans ce cas, tout ira de soi-même ; dans le cas contraire, Lyon succombera. Pour conjurer un péril, avant tout, il faut y croire.

Des faits récents et parfaitement analogues ont prouvé que ce n'est point en vain, lorsqu'il le veut bien, que Lyon élève la voix.

Le gouvernement ne voulait pas prolonger le chemin de fer de l'Océan à la Méditerranée au-delà de Châlons où il se serait rattaché à la Saône, comme on l'avait rattaché au Rhône à Avignon. C'était, certes, là une solution de continuité d'une toute autre importance. La loi a été présentée aux chambres, dans ce système. M. le Ministre des travaux publics (1) et M. Vivien, rapporteur de la loi Talabot, avaient hautement traité de ridicules et d'absurdes les craintes manifestées, une année avant, par les intérêts engagés dans la navigation fluviale au sujet de la continuation de ces chemins. On sait pourtant ce qui est arrivé. Lyon s'est ému, à tort ou à raison, et on a pu écrire au gouvernement que la loi présentée avait jeté l'alarme et l'inquiétude dans notre ville, et, sur ce seul avis, le gouvernement a renoncé à ses projets, et donné la main à une mesure précédemment déclarée par lui absurde et ridi-

(1) M. Teste.

cule, à une mesure qui grèvera le pays de 150 à 200 millions !

Il y a mieux. Le ministère voulait, dit-on, réserver la question de l'embarcadère et de la traversée de Lyon, non pas quant aux principes, mais quant aux localités ; il s'en était formellement expliqué avec MM. les délégués lyonnais, et avait rédigé et présenté le projet de loi d'après ces idées. Mais on lui a de nouveau écrit que cette réserve faisait ici le plus mauvais effet, et le jour même, si j'ai été bien renseigné, le ministère aurait fait connaître à la commission de la chambre qu'il ne s'opposerait pas à l'amendement qui était sollicité par les délégués lyonnais.

On voit que je ne suis pas allé chercher mes exemples bien loin.

Si, à propos de la solution de continuité à Lyon, les choses se fussent passées ou se passaient même encore de pareille manière, et de telle sorte qu'on eut dû, ou qu'on pût encore écrire aujourd'hui à Paris ce qu'on avait écrit à propos de la solution de continuité à Châlons; si on pouvait dire au gouvernement, avec vérité, que cette mesure est considérée par notre population, comme funeste à l'avenir de notre ville ; qu'elle y est impopulaire, et tend à semer et à developper des germes fâcheux de mécontentement et de désaffection, le gouvernement n'hésiterait pas plus à renoncer à la traversée de Lyon qu'il n'avait précédemment hésité à renoncer à une mesure bien autrement grave, bien autrement capitale. Mais si, au lieu de ces manifestations dont on ne nous voit pas avares quand nous sommes véritablement alarmés sur nos intérêts, nul ne dit mot, si chacun reste impassible et froid comme par le passé ; oh ! alors, courbons la tête, car ce qui n'est encore qu'un danger, sera bientôt devenu un mal irréparable ; et si jamais, sachons-le bien, si jamais un pareil malheur doit tomber sur nous, nous ne pourrons nous en prendre qu'à nous-mêmes, car bien que notre ville, comme toutes les autres, soit sous la tutelle du pouvoir central, on ne saurait pourtant s'empêcher de reconnaître que c'est à elle d'abord à se faire l'organe de ses intérêts spéciaux et actuels, et qu'elle serait mal venue à se plaindre des suites d'une mesure contre laquelle elle n'aurait fait entendre aucune réclamation.

Lyon, au point de vue du pays et du pouvoir, est un être politique qui ne tient pas à telle ou telle partie du sol, mais à telles ou telles conditions industrielles et commerciales. Peu importe, en effet, au pays que les habitants de Lyon se portent sur la rive droite ou sur la rive gauche du Rhône, à Perrache ou aux Brotteaux ; que ses ouvriers se disséminent dans la campagne ou s'agglomèrent dans ses murs; ce qui lui importe, c'est que la fabrique et le commerce lyonnais soient placés dans des conditions propres à les faire prospérer, et qu'ils continuent ainsi à faire sa richesse et sa gloire.

Au point de vue municipal, au contraire, Lyon a une individualité matérielle et actuelle dont l'existence serait mise en péril par le moindre déplacement. Autre chose est donc la ville de la Préfecture, si je puis m'exprimer ainsi, autre chose est la ville de la Mairie. La première se compose d'habitants; la seconde de maisons. La première, qui représente plus spécialement des intérêts d'un ordre politique, commercial et industriel, peut sans inconvénient subir toutes les transformations de lieux qui ne compromettraient pas ces intérêts; c'est la ville *mobilière*. La seconde, qui est la représentation réelle des intérêts de sol et de propriété et de ceux qui s'y rattachent, verrait tous ces intérêts blessés, compromis, anéantis par le moindre déplacement. C'est la ville *immobilière*.

Certes, ces divers intérêts ne sont pas tellement distincts qu'il ne doive se rencontrer une foule de cas où ils se confondent et s'harmonisent; et, d'un autre côté, on ne saurait, sans injustice, supposer que le gouvernement reste indifférent aux intérêts spéciaux et matériels de chaque ville; mais il n'en est pas moins vrai que les points de vue ne sont pas les mêmes, et qu'il arrive et peut arriver, en beaucoup de circonstances, qu'un événement indifférent au point de vue politique et gouvernemental, fut mortel au point de vue spécial où se place chaque fraction de la grande communauté. De ces deux situations différentes naissent des devoirs aussi d'un ordre différent. Or, c'est cette existence spéciale, ce sont ces intérêts actuels et locaux, que les villes ont à défendre. Cette tâche est plus spécialement celle de leurs représentants municipaux, et ce ne sont certainement ni les lumières ni le zèle qui manquent aux nôtres. Cette tâche appartient encore à d'autres, et il faut espérer que nul ne fera défaut à son mandat en cette grave circonstance (1).

(1) Si on nous a bien instruit, un homme considérable par sa position, et sans doute aussi par sa valeur personnelle, invité à combattre la traversée de Lyon, aurait répondu qu'il se ferait jeter *des pommes cuites*, s'il demandait, au profit de cette ville, la solution de continuité : et cette raison, la seule que j'aie entendu donner en faveur de la traversée, aurait suffi, à ce qu'il paraît, pour paralyser toutes les langues.

Quelque péremptoire qu'ait pu paraître cet argument, j'avoue qu'il ne m'a pas convaincu ; d'abord parce que, ainsi que chacun en est, j'espere, maintenant persuadé, la traversée de Lyon ne sera pas moins funeste à l'intérêt général qu'à l'intérêt lyonnais; et, en second lieu, parce qu'un gouvernement de *représentation* est un gouvernement devant lequel tous les intérêts *représentés* sont admis à se faire entendre et doivent être, sinon toujours accueillis, au moins toujours écoutés avec le respect dû aux droits de chacun. Des pommes cuites n'ont jamais rien prouvé, et dans cette circonstance elles eussent témoigné de notre ignorance des bases les plus essentielles de notre gouvernement et du mépris que nous inspire le principe sur lequel il repose. Ce ne serait pas la peine de faire représenter ces intérêts, s'il leur était défendu de se faire entendre.

On va sans doute me dire que la loi a prononcé, et on me demandera si le ministère autorisé à concéder cette ligne avec la traversée de Lyon, peut, en supposant qu'il le voulut, revenir sur cette question déjà tranchée.

La chose, à mon sens, ne présente aucune difficulté sérieuse. En fait de chemins de fer, chaque session est venue jusqu'à présent, défaire ce qu'avait fait la session précédente.

On voulait d'abord l'exécution par l'Etat; puis l'exécution par les Compagnies; puis l'exécution par l'Etat aidé des Compagnies; puis enfin par les Compagnies seules.

En ce qui touche le chemin de Lyon, la loi de

Il n'est pas un député, pas une députation qui ne se fassent, à la chambre, dans les ministères, dans les bureaux, les organes directs, persistants, impérieux de l'intérêt de localité, et même de l'intérêt privé, surtout lorsqu'il touche à l'intérêt électoral. Il n'est pas un conseil-général, pas un conseil d'arrondissement, pas un conseil municipal qui n'en fassent autant; et si toutes ces manifestations devaient être accueillies avec des pommes cuites, la terre ne suffirait pas à produire les éléments d'un pareil mode d'argumentation. Le département de l'Ain et ses organes se sont montrés moins craintifs, et il faut qu'on les en loue.

On a dit qu'un député était le député de la France et non de son arrondissement. C'est là une de ces sentences creuses et sonores qui manquent de sens et de raison. Autant vaudrait dire qu'un ambassadeur est l'ambassadeur du monde, parce qu'il fait partie du corps diplomatique qui en est la représentation. Un député est le député de ceux qui le députent, le représentant de ceux qui le chargent de les représenter, l'organe spécial des intérêts spéciaux qu'il a reçu mission de défendre. La France a une Chambre, les départements n'ont que des députés.

1844 a modifié celle de 1842, et celle de 1845 celle de 1844. Aux termes du projet précédent, il s'agissait d'un chemin de Paris à Lyon ; une année après c'était le chemin de Paris à Marseille par Lyon. On voulait d'abord la solution de continuité; une année après on veut la traversée. Pourquoi 1846 ne viendrait-il pas modifier les résolutions de 1845 ? Le temps a-t-il épuisé tous ses conseils, l'expérience tous ses enseignements, l'avenir tous ses secrets ? Nous en sommes encore, sur cette question des chemins de fer, au B à Ba de la science, et si nous marchons, c'est à tâtons. Le dernier fait consommé ne saurait donc avoir pour nous plus d'autorité que n'en ont eu tous les faits précédents.

On frémit, je le sais, à la pensée d'un ajournement. Hé bien ! qu'on n'ajourne pas ! Le ministère peut parfaitement concilier notre impatience d'enfants gâtés, avec la prudence qui lui commande de se réserver autant que possible, en matière aussi grave, le bénéfice du temps et de la réflexion. Qu'il adjuge cette ligne puisque nous sommes si pressés, mais qu'il réserve la question de la traversée. Un article ajouté au cahier des charges suffira à cet effet (1).

(1) Cet article stipulerait que le ministre pourra, à son choix, décider que la ville de Lyon sera ou ne sera pas traversée. Que, dans ce dernier

De cette manière, tout pourra être sauvé. Le gouvernement sans retarder d'une minute l'exécution, se réservera les moyens de reconnaître, et par suite de réparer la faute qui a été commise, et notre ville aura le temps de s'éclairer, de former son opinion et de faire passer, dans toutes les convictions, les vérités que ces pages ont eu pour but de mettre en lumière. L'ajournement ne fait tort à personne, il ne compromet aucun droit, aucun intérêt, il n'occasionne aucun retard ; il n'a que des avantages sans le moindre inconvénient, comment pourrait-on hésiter ? Le ministère a cru pouvoir malgré une loi précise, malgré un contrat clair et formel, réduire le tarif garanti à la Compagnie des Quatre canaux ! Ici, rien de semblable, et le Pouvoir est entièrement maître de modifier ses résolutions. A tant se hâter de prendre des engagements, on s'expose, on le voit, à les violer, et c'est un jeu qui mène plus loin qu'on ne voudrait !

Si donc on persiste, si on se rend tout retour impossible, c'est qu'on l'aura bien voulu, puisqu'ainsi que je viens de le dire, rien n'est plus facile, que de s'arrêter, sans rien compromettre. Ce cas est

cas, et lorsque les chambres saisies de nouveau, auront prononcé, la compagnie adjudicataire aura à tenir compte à l'Etat d'une somme de......
ou bien que le temps de la jouissance sera réduit de......

Qu'enfin le parti définitivement pris sera notifié à la compagnie avant la fin de la prochaine session des chambres.

un de ceux où, sans reculer, on peut revenir sur ses pas (1).

Avant de résumer cette trop longue discussion, j'ai encore une promesse à remplir, c'est celle que j'ai faite d'examiner les divers projets de traversée qui ont été mis en avant; je vais remplir cette promesse.

(1) Au moment où ces lignes se mettaient sous presse, le *Moniteur* annonçait la résolution qui vient d'être prise en faveur du projet de Perrache, avec indication du jour fixé pour l'adjudication.

Je n'ai pas besoin de dire que cette résolution peut parfaitement se modifier, si le ministère le trouve opportun, et qu'il peut modifier le cahier des charges, dans le sens que j'ai indiqué dans les pages qui précèdent; toutes choses, je ne saurais trop le répéter, qui ne retarderaient pas l'établissement du chemin, d'une minute, et auraient l'immense avantage de permettre à tous de se réserver le bénéfice de la réflexion, sans compromettre le plus léger intérêt, sans qu'il en pût résulter le plus mince inconvénient.

DES DIVERS PROJETS PROPOSÉS POUR LA TRAVERSÉE DE LYON

ET POUR L'ÉTABLISSEMENT DE SES EMBARCADÈRES.

Toute question au bout de laquelle ne se trouve pas une vérité susceptible d'une démonstration, nette et claire, n'amène que de stériles débats, et ne saurait aboutir à un résultat utile.

La solution de continuité du chemin de fer, à Lyon, est une question simple et qui intéresse toute la ville; elle présente un caractère d'unité qui permet de l'envisager sous toutes ses faces, sans changer de point de vue.

Il n'en est pas de même de la question posée par l'enquête, qui n'est pas une question lyonnaise, mais une question de quartiers, entre lesquels elle devait jeter et a jeté la discorde. En effet, ce qui est vrai, vu de Perrache, ne l'est pas, vu du Centre ou des quartiers du Nord; ce qui est soutenu avec raison par les riverains du Rhône, est nié avec autant de raison par ceux de la Saône.

Si vous demandez à Lyon, s'il vaut mieux pour lui, que le chemin de fer passe ici ou là; que l'embarcadère soit sur ce point ou sur tel autre; il vous répondra : oui et non; oui, si je parle pour le Midi, non, si je parle pour le Nord; et ainsi de suite. Cette question n'est donc pas susceptible d'une véritable solution puisqu'elle les admet toutes, même les plus contradictoires, et que tout dépend, comme l'a dit un jour M. Molé, de quel côté on se tourne.

Dira-t-on que c'est ici un cas de majorité; qu'il faut peser et supputer les intérêts, et se décider pour l'emplacement qui donnera satisfaction au plus grand nombre? Mais ne voit-on pas qu'une appréciation de cette nature présente des difficultés qui équivalent à une véritable impossibilité, et que Dieu seul pourrait se charger d'une pareille opération?

Pour cela, il faudrait d'abord nombrer, échelonner et balancer, non seulement tous les intérêts de la ville, mais encore tous ceux qui s'y rattachent directement ou indirectement; évaluer comparativement toutes les industries, toutes les propriétés, toute leur valeur actuelle et d'avenir; puis, ceci fait, former une échelle de dépréciation et d'amélioration, pour y appliquer toutes ces valeurs mobilières et immobilières, afin de discerner celles qui auraient à souffrir du choix de tel tracé ou de tel emplacement, et celles qui auraient à y gagner. Il faudrait, en un mot, fixer la ligne où s'arrêterait le profit, où commencerait la perte; toutes choses évidemment au dessus de nos forces, et qui n'étant, à tout évènement, susceptibles d'aucune démonstration raisonnable, donneraient lieu ainsi que cela arrive, du reste, à des débats sans résultats, à des affirmations et à des dénégations entre lesquelles il serait impossible de choisir avec quelque connaissance de cause. Ces questions sont celles qu'on ferait mieux, en vérité, de résoudre à *croix ou pile*, que d'en faire l'objet d'un pareil débat.

Aussi voyez ce qui est arrivé! L'enquête a trouvé des raisons au service de tous les intérêts, et à peu près aussi bonnes les unes que les autres. On dirait, à voir ce qui s'est passé, que chacun a pris son argumentation, non dans sa tête, mais dans sa poche. Dites-moi où est la maison, je vous dirai l'opinion. Avec un Indicateur lyonnais, avec le registre de l'impôt foncier surtout, j'en saurai autant et plus que la Commission qui a dépouillé le registre d'enquête.

Tot capita, tot sensus; autant d'intérêts autant d'avis. M. un tel qui a dit blanc, parce que ses propriétés sont ici, eût dit noir si elles eussent été du côté opposé. Je défie qu'on me cite un avis qui ne repose sur un intérêt. C'est là un fait que je rappelle et non un blâme que je formule. Une enquête comme celle qui a été faite n'est autre chose qu'un appel aux intérêts. On s'est adressé à eux, il fallait bien qu'ils répondissent. L'enquête étant donnée, rien de plus rationnel que ce qui est arrivé.—Pour que la réponse fut lyonnaise, il fallait que la question le fut, et elle ne l'était pas. Lorsqu'une mesure ne s'appuie pas sur un principe, au moins faudrait-il qu'elle s'appuyât sur l'ensemble des intérêts qu'elle touche, et que, pour en satisfaire quelques-uns, elle ne fut pas de nature à froisser et à mécontenter les autres.

Ce n'est pas tout : les intérêts lyonnais, déjà si divisés entre eux à ce sujet, se sont encore trouvés en opposition avec l'opinion de MM. les ingénieurs qui, par leur position, se placent plus spécialement au point de vue général et politique ; et, à ce point de vue, en effet, ils peuvent avoir parfaitement raison, alors même qu'ils auraient parfaitement tort au point de vue lyonnais ; tant, je le répète, la question est étroite et incomplète, tant elle est complaisante à se prêter à toutes les fantaisies de l'intérêt et de l'opinion ; tant il est vrai de dire que la vérité est une, tandis que le propre de l'erreur est de se montrer à chacun sous l'aspect qui le flatte le plus. L'une, fille du ciel, à mâle et sévère beauté, un peu âpre, un peu *collet-monté*, peut-être, ne plaît guères qu'à certaines ames d'élite ; tandis que l'autre, sa rivale, fille bien-aimée de l'homme, artificieuse et complaisante courtisane, se prête à tous ses caprices, caresse tous ses penchants, applaudit à tous ses actes, et nous plaît, comme plaît tout ce qui nous flatte et nous sourit.

Pour moi, j'éprouve un embarras d'autant plus grand à aborder cette question que je ne puis, pas plus que qui que ce soit, avoir sur ce sujet de conviction bien arrêtée, puisque, ainsi que je l'ai dit, tout dépend du point de vue que l'on choisit, et qu'il est bien impossible d'ailleurs de se passionner pour une vérité toute relative, c'est-à-dire pour une vérité qui n'existe pas. Quand on examine successivement toutes les opinions produites sur cette question, on est comme un homme qui a été pris et soulevé par une vague, puis par une autre, et qui ne peut s'appuyer ni se fixer sur aucune, parce qu'aucune n'a ni fixité ni fond.

Et, en effet, quand je me place au point de vue de MM. les ingénieurs, je trouve que MM. les ingénieurs ont raison ; quand je me place au point de vue de Perrache, je trouve que Perrrche a raison ; quand je me place au point de vue des Brotteaux, je trouve que les Brotteaux ont raison ; mais quand je me place au point de vue lyonnais, je trouve que tout le monde a tort. Aussi, n'est-ce qu'après de nombreuses fluctuations, et à force de réflexion et d'étude, que je suis parvenu à me former une opinion arrêtée sur le mérite relatif de chacun des projets qui ont été présentés.

Donc, comme entre plusieurs maux, il y a avantage à choisir le moindre, je vais jeter un coup-d'œil aussi rapide que possible sur chacun des projets qui ont surgi, et en dire mon avis.

Avant cependant de donner la parole aux différents quartiers qui se disputent nos embarcadères, il convient de vider une espèce de question préjudicielle, sur laquelle on ne me semble pas être d'accord.

Les embarcadères sont-ils ou ne sont-ils pas profitables aux localités où on les place? J'ai entendu des hommes de haute intelligence soutenir la négative. J'ai entendu dire mille fois que ces établissements sont bien plus propres à éloigner la population qu'à l'appeler. On cite, à l'appui de cette opinion, les embarcadères de Paris qui seraient loin d'avoir amélioré les quartiers qui les possèdent ; ceux de Mulhouse autour desquels on a construit de magnifiques hôtels qui ne reçoivent pas un voyageur, à ce point qu'on leur aurait déjà donné d'autres destinations, et qu'on serait peut-être amené à les démolir.

Je crois, pour ma part, qu'il ne faut pas trop se hâter de tirer de quelques faits isolés, des conséquences générales, contraires à toutes les probabilités, et aussi à l'instinct général des populations qui, partout, réclament en effet les embarcadères comme un bienfait.

Paris est une ville exceptionnelle qui possède en elle-même une puissance d'attraction centrale contre laquelle chacun comprend que rien ne puisse lutter; et personne n'a pu supposer que ses embarcadères placés d'ailleurs à des distances fort éloignées, pussent jamais attirer sur ces localités, la population parisienne, ou y retenir les étrangers. Un pareil résultat était trop contre la nature des choses pour qu'on ait pu le craindre. En serait-il de même pour le centre actuel de Lyon, si la traversée avait lieu, et si ses embarcadères étaient portés aux Brotteaux ou même à Perrache? Le contraire semble évident.

Quant à Mulhouse, ses débarcadères placés à un quart-d'heure de la ville ne devaient évidemment rien changer à ce qui existait. Il fallait être fou, vraiment, pour espérer que ceux qui se trouveraient appelés dans cette petite ville, iraient se loger à un quart-d'heure de distance ! Qu'on place les embarcadères lyonnais à la Mulatière ou à Fontaines, et on peut être bien certain que les hôtels qui s'y construiraient subiraient le sort de ceux de Mulhouse.

Ces faits n'ont donc aucune autorité sérieuse dans la question ; et, malgré ces précédents et d'autres analogues, je crois qu'il n'en doit pas moins rester constant que toutes les fois qu'un embarcadère sera placé dans des conditions de proximité et de commodité raisonnables, il aura pour effet, dans un temps plus ou moins éloigné, d'attirer autour de lui la vie et le mouvement, conséquence nécessaire d'un pareil établissement, toutes les fois qu'elle n'est pas contrariée par des circonstances exceptionnelles de la nature de celles dont je viens de parler. Il faudrait vraiment que notre stupidité eût dépassé toutes les bornes, s'il était aussi certain qu'on le dit, que les embarcadères que chacun se dispute, excluent toute idée d'amélioration pour les quartiers qui en sont dotés. Et, en effet, si les raisins sont si verts, pourquoi se les arracher de la sorte ? Il y a plus de logique et de bon sens dans le langage du renard.

Revenons maintenant à nos projets de traversée et d'embarcadères.

Ces projets sont au nombre de trois : celui du Midi, celui de l'Est et celui du Centre (1).

D'après le premier de ces projets, le railway de Paris traverserait la Saône et le Rhône au dessus de Lyon, et viendrait se souder à celui du Midi, aux Brotteaux, où serait établi l'embarcadère général de toute la ligne.

Suivant le second, ce chemin, à son arrivée de Paris, se prolongerait sur la rive droite de la Saône jusqu'à Vaise, entrerait en souterrain sous Fourvières jusqu'à la Quarantaine, traverserait la Saône à la hauteur du cours Napoléon, où il se souderait au rail-way du Midi, et où il serait établi un débarcadère général. Ce projet doterait, en outre, la Guillotière d'un embarcadère de marchandises, et Vaise d'un embarcadère pareil, avec station de voyageurs.

Enfin, le dernier de ces projets ferait passer le chemin de Paris à Marseille, par le centre de Lyon, sur l'espace qui existe entre la place des Terreaux et celle de Louis-le-Grand.

Les deux premiers, celui du midi, ou de Perra-

---

(1) Un autre projet avait encore été présenté, il consistait à établir l'embarcadère général sur la place Louis-le-Grand. Je ne m'occuperai pas de ce projet qui paraît abandonné.

che, et celui de l'est, ou des Brotteaux, ont seuls reçu les honneurs d'une discussion officielle, quant à celui du centre, s'il a été abandonné, ce n'est pas sans avoir reçu, comme idée au moins, d'universels éloges. On l'a enterré, mais sous des fleurs, et comme, suivant moi, cet enterrement est un nouveau cas d'inhumation anticipée, je demanderai la permission d'exhumer ce projet, afin de faire voir qu'il est encore plein de sève et d'avenir, et qu'il vaut bien tous les éloges funèbres prodigués à sa cendre, par M. le préfet du Rhône, dans son brillant et habile rapport au Conseil général.

Quant aux projets de Perrache et des Brotteaux, comme tout ou presque tout a été dit et très bien dit, pour et contre l'un et l'autre (1), je serai

(1) Cette question, successivement traitée au conseil municipal de Lyon, au conseil d'arrondissement, au conseil général, à la chambre du commerce et dans la commission d'enquête, a donné lieu à des débats qui ont été résumés avec une grande habileté par MM. les rapporteurs de ces divers corps et commission.

Elle avait été précédemment discutée dans un écrit très remarquable dû à l'un de nos plus honorables concitoyens, M. Hodieu.

Au point de vue des Brotteaux, la même question a été traitée avec une égale supériorité par MM. les ingénieurs, auteurs de ce projet, et par le digne magistrat qui vient d'abandonner la mairie de la ville de la Guillotière, dont les intérêts avaient trouvé en lui un ardent et zélé défenseur.

Aussi, est-il peu de raisonnements, pour et contre, au point de vue spécial de chacun de ces projets, qui n'aient trouvé lieu à se produire, soit dans les rapports publiés, soit dans la presse.

bref, et me bornerai, pour éviter de fastidieuses répétitions, à comparer sommairement ces deux projets entre eux, dans leur rapport avec le double intérêt dont je vais parler.

DU PROJET DE PERRACHE ET DE CELUI DES BROTTEAUX.

L'établissement d'un embarcadère touche, en ce qui concerne une ville, à des intérêts de deux ordres bien distincts; l'intérêt industriel, et l'intérêt propriétaire; l'un voulant que l'embarcadère soit disposé de manière à fournir un service commode et économique; l'autre qu'il soit établi en vue de conserver les intérêts existants, et d'éviter tout ce qui serait propre à amener la dépopulation d'un quartier au profit d'un autre. Ces intérêts ne sont pas dans une opposition nécessaire, et la perfection consisterait à trouver, pour un embarcadère, un emplacement qui donnât une égale satisfaction aux uns et aux autres; mais le plus souvent c'est le contraire qui arrive, et ces intérêts peuvent différer à ce point, qu'il peut parfaitement se faire que les uns appellent une solution, et les autres, une solution contraire.

On voit qu'il faut toujours, dans cette question de traversée et d'embarcadère, en revenir à la distinction que j'ai faite entre la ville immobilière et la ville mobilière; et on s'apercevra si on y réfléchit bien, que la plupart des discussions engagées sur les intérêts d'une ville, viennent de ce que cette distinction n'a pas été suffisamment comprise. La question est donc complexe et a nécessairement besoin d'être divisée, à défaut de quoi toute solution serait impossible.

Et, par exemple, dans le cas dont il s'agit, le problème donné se traduit, pour les Brotteaux, en ces termes : chercher l'emplacement le plus propre *au service ;*

Pour Lyon, au contraire, le problème donné est celui-ci : chercher l'emplacement le plus propre *à protéger et conserver les intérêts existants.*

Aussi, les défenseurs du projet des Brotteaux avouent-ils qu'ils ne considèrent pas Lyon *tel qu'il est* (1), mais tel qu'il sera dans l'avenir, c'est-à-dire tel qu'on veut le faire ; et ce mot donne la clé de tous les débats dont nous sommes témoins, car si les Brotteaux voient les choses ainsi, ce qui se comprend ; Lyon, ce qui se comprend mieux encore, les voit d'une manière toute différente. Suivant ses défenseurs, une ville a une personnalité actuelle et locale qu'on ne peut déplacer sans l'anéantir. Et, en effet, il serait aussi insensé que coupable de sacrifier ce qui est à ce qui n'est pas, et de consacrer et légitimer, au nom d'un avenir

---

(1) Opinion lue par M. Bernard au Conseil général.

qui n'est rien, l'immolation des intérêts actuels qui sont tout. Le gouvernement n'est pas propriétaire, il est administrateur; or, administrateur de quoi? De ce qui existe, sans doute. Il représente les intérêts actuels ; c'est de ces intérêts qu'il tient sa mission, son pouvoir et ses moyens d'action ; oublier ces intérêts, en vue d'intérêts nouveaux à créer, serait une trahison ; ce serait tourner contre nous, les armes que nous lui avons confiées pour nous défendre et protéger.

Quoi qu'il en soit, on comprend qu'il doit être bien difficile, avec des points de départ si opposés, de jamais s'entendre. Néanmoins écoutons les raisons données de part et d'autre, et jugeons.

Pour les Brotteaux, on a dit :

Que l'embarcadère placé sur le territoire de la Guillotière sera plus rapproché du centre de Lyon, et conséquemment mieux à sa portée ;

Qu'il favorisera la régénération des quartiers du centre en faisant sentir la nécessité d'y ouvrir les rues transversales qui lui manquent ;

Que les Brotteaux sont mieux placés que Perrache pour recevoir le trop plein de Lyon, et donner asile aux industries qui, de gré ou de force, le quitteront, ainsi que cela serait déjà arrivé pour les commissionnaires de roulage qui auraient été, a-t-on dit, chassés de cette ville ;

Que ce tracé, qui est de 2,500 mètres moins long, exigera des dépenses moins considérables, et que l'économie qui en résulterait pourrait être employée à réaliser le projet d'un embarcadère de voyageurs placé au cœur de Lyon ;

Que le rail-way de Paris à Lyon par la vallée de la Loire, devant, par la force des choses, arriver à Perrache, il était juste de laisser aux Brotteaux celui de la Bourgogne ;

Qu'on ne pourrait, sans imprudence, faire passer sous le tunnel de Fourvières, deux lignes aussi importantes que les deux grandes voies ferrées destinées à unir les deux capitales ;

Qu'un seul embarcadère où viendraient aboutir tant de provenances diverses amènerait un encombrement inévitable, chose tellement fâcheuse qu'elle aurait fait renoncer à l'établissement d'une gare commune, pour ces deux chemins, à leur départ de Paris.

A leur tour, les adversaires de ce projet, ont dit :

Que si le débarcadère des Brotteaux était plus rapproché de certains quartiers, il était plus éloigné des autres, et notamment de la place Louis-le-Grand et des quais de la Saône, et qu'à tout évènement la différence des parcours, beaucoup moins considérable, au surplus, qu'on ne le disait, était plus que compensée par la difficulté des abords (1). On a rappelé, pour le prouver, « que les communications de tous les quartiers de la ville avec Perrache, avaient lieu par des voies larges et horizontales, tandis que celles de ces mêmes quartiers avec les Brotteaux avaient lieu par des rues étroites et tortueuses, par des lignes anguleuses et brisées; par des ponts à péage (un seul excepté), et présentant tous des rampes d'un difficile accès pour les voitures (2); »

Que l'établissement de l'embarcadère aux Brotteaux, au lieu de faciliter la régénération des quartiers du centre déterminerait la population à les abandonner et à traverser le Rhône, ce qui serait, en effet, plus simple, plus court et plus économique;

Que ce qui est arrivé pour les commissionnaires de roulage le prouve de reste, et que cet exemple, assez malheureusement choisi, est beaucoup plus propre à justifier les craintes de notre ville, qu'à les faire cesser;

---

(1) Les parties adverses se jettent, à ce sujet, les raisonnements et les chiffres les plus contradictoires, le tout avec accompagnement d'injures, bien entendu.

Le journal *La Presse*, qui a pris fait et cause pour le projet des Brotteaux, n'a vu, dans l'opposition qui lui est faite, qu'une misérable *intrigue de localité, dont le bourdonnement* ne saurait lui imposer. A l'appui de son opinion, ce journal a apporté des chiffres qui ont été violemment contredits par la presse lyonnaise.

(2) *Courrier de Lyon* du 10 août 1845.

Que si le tracé des Brotteaux est plus court, cela prouve peu au point de vue de Lyon, auquel il importe, non que ses rail-ways aient deux ou trois kilomètres de plus ou de moins, mais qu'ils lui soient aussi profitables que possible ; qu'au surplus la rectification demandée avec tant de raison et d'intelligence par les riverains de la Saône, fera disparaître cette différence de longueur, si elle existe ;

Que le prolongement jusqu'à Lyon du rail-way du centre n'est encore qu'une simple idée dont rien, jusqu'à présent, ne garantit la réalisation, et qu'il serait par trop étrange que la Guillotière, s'il est permis d'ainsi parler, ait la prétention de se faire *servir* la première, et de tout prendre, sauf à laisser à Lyon *l'espérance* d'un autre chemin ; que d'ailleurs la Guillotière est loin d'être déshéritée par le projet rival, puisqu'il comporte l'établissement dans ses murs d'un embarcadère pour les marchandises, et qu'elle aura d'ailleurs de droit, et par la force des choses, ceux qui seront établis pour les rails-ways de l'est et du nord-est de la France ;

Que les inconvénients d'un tunnel consacré à deux chemins sont faciles à faire disparaître, soit en lui donnant les dimensions convenables, soit en prenant les mesures de police et de sûreté propres à éviter les accidents ;

Que nul encombrement n'est à redouter d'une

gare commune, si on lui donne une étendue en rapport avec sa destination, et que rien, ainsi que le dit le journal *la Presse*, qui soutient si chaudement le projet des Brotteaux, « ne serait plus vicieux que d'éparpiller un service qui, pour être fait avec la rapidité et la régularité nécessaires, a besoin, plus que tout autre, des ressources que présente un système de centralisation bien entendu. » Or, on comprendrait peu comment la centralisation du service, si desirable aux Brotteaux, ne le serait pas à Perrache (1).

Si l'intérêt qu'une ville peut avoir à posséder des embarcadères propres à lui faciliter l'usage le plus profitable possible de ses rail-ways, était son seul intérêt, l'hésitation serait peut-être encore permise ou tout au moins on comprendrait aisément la di-

(1) On a dit aussi que la loi du 11 juin avait tranché la question en faveur de Lyon, mais j'avoue que cette objection n'a, suivant moi, rien de sérieux, soit parce que la loi du 11 juin est une loi maintenant morte, soit parce qu'il est évident que le Lyon politique se compose de toutes les villes qui forment la population lyonnaise, et que c'est, en ce sens, que la loi du 11 juin, qui n'a rien voulu préjuger sur le tracé, a dû en parler. C'est aussi pour ce motif que je n'attache nulle importance à cette circonstance que la Guillotière et Lyon sont des villes différentes, administrativement parlant. La Guillotière serait un faubourg ou un quartier de Lyon, que mon opinion serait tout-à-fait la même. Tout, comme aussi, en ce qui touche la localité de Perrache, au sujet de laquelle je n'en dirais ni plus ni moins, alors même qu'elle aurait un maire à part et qu'elle s'appellerait la ville de Perrache. Ces questions sont des questions de lieux et non des questions de municipalité ; et, pour ces choses là, le nom ne fait rien à l'affaire.

vergence d'opinions dont nous sommes témoins ; mais il est loin d'en être ainsi, et il doit demeurer évident que cet intérêt est pour notre ville extrêmement secondaire, comparé à celui qui touche à la question du déplacement possible de sa population, et de l'influence que l'embarcadère peut être appelé à exercer sur ce déplacement. Or, sous ce rapport si essentiel, tout doute devient véritablement impossible.

Les Brotteaux se trouvent, vis-à-vis de Lyon, dans une situation topographique de nature à légitimer toutes les craintes qui ont été manifestées et que l'expérience a déjà justifiées. D'une longueur démesurée, cette ville tend à s'élargir beaucoup plus qu'à s'alonger. Resserrée entre deux rivières, construite de manière à ne pouvoir jamais obtenir une régénération que la désespérante solidité de ses maisons rend presque impossible, sa pente naturelle la porte sur la rive gauche du Rhône où l'appellent des terrains d'une étendue sans limites ; de beaux édifices déjà construits, des rues droites, larges et aérées, tout ce qui, enfin, est propre à provoquer la désertion d'une population.

Cette opinion est partagée, même par les partisans du projet des Brotteaux. En effet, on lit, dans l'exposé présenté au Conseil-Général, par l'un de ses honorables membres (1), les paroles suivantes :

« Tout récemment, et sous nos yeux, les commissionnaires chargeurs de Lyon qu'une *juste sévérité* de la voirie a fait disparaître de nos quais dont ils gênaient la circulation, ont-ils eu la pensée de se porter aux extrémités où ils auraient pu trouver des locaux *spacieux et à bas prix ?*... Non, ils ont compris *la nécessité,* pour eux, de se tenir près du centre des affaires, *et se sont fixés sur la rive gauche du Rhône, malgré l'inconvénient des ponts à péage.* Les embarcadères placés aux extrémités pointues de l'agglomération lyonnaise, auraient non seulement le grand inconvénient *de l'excentricité,* mais ils favoriseraient encore ce fâcheux développement en long *qui rend les rapports difficiles et les intérêts moins identiques.* »

Or, que conclure de tout ceci, si ce n'est que les Brotteaux étant, de leur aveu, beaucoup mieux placés que Perrache pour attirer à eux la population que nous voulons garder, nos débarcadères y deviendraient, pour nous, une nouvelle cause de ruine en hâtant le mouvement qu'il est de notre intérêt de contenir. Et, s'il en est ainsi, s'il est vrai que les industries qui nous délaissent se portent déjà de préférence sur la rive

(1) M. Bernard.

gauche du Rhône, malgré les ponts à péage et le prix élevé des terrains ; s'il est vrai que l'éloignement de Perrache, son excentricité, et tous les autres inconvénients qu'on lui reproche, soient, comme on l'assure, un obstacle et un empêchement au mouvement qu'on voudrait favoriser ; ce sont autant de raisons capitales pour que nous lui donnions la préférence, car il est bien évident que nous devons voter pour la localité qui doit nous faire le moins de mal, pour celle qui offre le moins de chance à une émigration qui, pour nous, serait mortelle. Les Brotteaux demandent les embarcadères pour avoir la population ; Lyon les veut pour la conserver ! Rien de plus logique d'une part comme de l'autre. Plus les Brotteaux auront raison à leur point de vue, plus ils auront tort au point de vue lyonnais ; car il doit demeurer bien évident, d'après tout ce qui précède, que si une concurrence est à redouter pour Lyon, surtout pour les quartiers du centre et du nord, c'est assurément celle des Brotteaux, et que dès-lors son intérêt bien entendu est de combattre tout ce qui serait de nature à augmenter l'émigration déjà commencée, et à favoriser la tendance que notre population a à se déverser dans les plaines voisines d'où on ne lui ménage ni les agaceries ni les séductions, chose de fort bonne guerre, du reste, et auxquelles il est de fort bonne guerre aussi d'opposer toutes les armes dont nous pouvons disposer.

Le projet des Brotteaux a, en outre, l'inconvénient d'être exclusif et de ne pas se prêter, comme celui de Perrache, à une plus équitable répartition des avantages qu'on se promet de la possession et de la division des embarcadères. Il tend à déshériter Vaise et l'Ouest de ces avantages, et à frapper ces quartiers déjà si délaissés d'une nouvelle cause de ruine. Point d'arrivée à peu près obligé de la ligne du Midi et de celle de l'Est et du Nord-est, les Brotteaux, si leur desir était accueilli, deviendraient le centre unique et exclusif de tous les arrivages, ce qui ne saurait manquer d'y accumuler de nouveaux et nombreux éléments de prospérité, et de faciliter, plus que toute autre chose, la réalisation de l'avenir que cette ville a rêvé au préjudice de la nôtre.

Il en résulterait encore que le chemin de fer ne se souderait plus à la Saône, cette magnifique voie d'eau dont les voies ferrées feront, peut-être, plutôt qu'on ne croit, apprécier et reconnaître les avantages. Or, cet inconvénient aurait, pour Lyon, une immense gravité, et aiderait à la ruine de sa navigation fluviale dont la conservation est, au milieu de la perturbation qui se prépare, sa principale planche de salut.

On a bien dit que si l'embarcadère général était établi aux Brotteaux il occuperait là un emplacement qui, autrement, sera couvert de maisons destinées à faire concurrence à celles de Lyon et à accélérer le mal qu'on redoute. Cette observation serait juste si l'espace manquait aux Brotteaux, mais comme il en est autrement, comme cet espace est sans limites, comme il suffit à plus de maisons qu'il n'en faudrait, dût la ville de Lyon, se porter toute entière sur la rive gauche du Rhône, il en résulte que l'objection manque de portée, puisqu'il nous importe fort peu que tel ou tel emplacement soit ou non livré aux constructions particulières, si, quoiqu'il arrive, l'espace ne doit pas leur faire défaut. Cette considération me paraît donc fort peu rassurante.

Quant au projet du cours Napoléon, bien qu'il soit loin de présenter au même degré les inconvénients que je viens de signaler, bien qu'il soit beaucoup plus en harmonie avec les exigences de la justice qui veut que les bienfaits de nos railsways soient, autant que possible, répartis entre les diverses parties de la ville, bien qu'il soit infiniment plus favorable au maintien de notre navigation fluviale, puisqu'il doit souder le chemin de fer à la Saône, en amont et en aval de Lyon ; circonstance extrêmement prépondérante et qui suffirait à mes yeux pour trancher la question; bien que, sous tous ces rapports, il ait des droits certains, clairs et nets à une incontestable préférence, on ne saurait néanmoins se dispenser de reconnaître qu'il est de nature à compromettre aussi, bien que moins gravement, les intérêts de la plupart des quartiers de la ville, en ce sens que, si le déplacement de population, d'activité et d'intérêts qu'il doit amener, paraît devoir être moins prompt et moins complet qu'il ne le serait avec le projet des Brotteaux, ce déplacement n'en doit pas moins être considéré comme certain, surtout en ce qui touche les quartiers du Nord qui paraissent devoir être, dans tous les cas, sacrifiés, si on ne renonce à cette homicide traversée.

La quantité de terrains à bâtir que présente Perrache est moins considérable, il est vrai, qu'aux Brotteaux, mais on ne saurait cependant se dissimuler que si la population venait à s'agglomérer dans ce vaste périmètre qui existe entre le cours Napoléon et la place Bellecour, comme elle s'est agglomérée dans les quartiers du Nord, il en resterait bien peu pour occuper le reste de la ville ; et que si l'embarcadère y amenait successivement la vie, le mouvement, l'activité, les affaires dont le Nord et le Centre sont aujourd'hui en possession, ce ne pourrait être qu'à leur détriment ; car nul corps organisé, qu'il s'appelle ville ou individu, ne peut avoir deux cœurs ou deux centres.

L'émigration ne se fera certes pas tout-à-coup ; elle aura à lutter contre des difficultés topographiques, contre des habitudes prises, contre de nombreux et puissants intérêts, mais elle se fera ; parce qu'ainsi le veut la force des choses ; parce qu'il y a, dans le mouvement, une puissance d'attraction à laquelle rien ne résiste.

Elle commencera par les hôtels et par la population flottante qui les hante, puis par les restaurants, par les marchands de détail, et ainsi de suite.

On peut dire du projet du cours Napoléon qu'il place l'embarcadère général trop loin ou trop près ; trop loin pour satisfaire à toutes les exigences d'économie et de commodité du service ; trop près pour ne pas provoquer, au préjudice du Centre et du Nord de la ville, le déplacement plus ou moins prompt de la population, et pour ne pas donner ainsi lieu, à une déplorable perturbation d'intérêts (1).

(1) Si on portait, comme je l'ai dit plus haut, l'embarcadère à une grande distance, il arriverait ce qui arrive à Mulhouse, nul ne songerait à se loger aux environs, et, dès lors, toute crainte de déplacement pour ce fait disparaîtrait. Ce qui importe à une ville, c'est d'avoir ses débarcadères dans son sein, car elle y trouve économie et commodité ; ou, à défaut, à une distance telle, que cette distance soit un obstacle au déplacement de sa population. C'est ici un de ces cas fort rares, où le *juste milieu* à tort.

Le projet du Centre seul est de nature à éviter ce double inconvénient ; inconvénients que le projet de Perrache perdrait en partie, si on adoptait l'amendement qui a été proposé (1).

Cet amendement consistait à imposer à la Compagnie concessionnaire l'obligation d'établir, au centre même de Lyon, une station commode, où voyageurs et marchandises trouveraient des moyens de transport convenables, de telle sorte que chacun pût s'y embarquer et y débarquer comme si cette station était le point d'arrivée du chemin de fer. De cette manière, les voyageurs au lieu d'être abandonnés aux extrémités de la ville, se trouveraient amenés sans embarras ni frais, pour eux, au centre même de Lyon; et ceux qui partiraient ne seraient point obligés d'aller chercher le chemin, à une heure de leur domicile. Cette station aurait encore l'avantage d'éviter aux voyageurs la traversée du tunnel chose généralement fort désagréable (2).

---

(1) Cette proposition est due à un de nos honorables professeurs à la Faculté, M. Jourdan, dont l'opinion a été publiée dans le *Courrier de Lyon*, du 12 août 1845.

(2) « Il convient d'établir, au milieu de la ville, un bureau central commun aux deux chemins de fer, et où seront amenés les voyageurs et leurs effets. L'établissement de ce bureau, au centre de Lyon, aura aussi l'avantage d'empêcher l'émigration d'une partie de la population vers les débarcadères, et, par conséquent, cette perturbation d'intérêts que l'on redoute ; les débarcadères seront bien, il est vrai, aux extrémités de

Une pareille mesure est si importante pour notre ville, la charge qui en doit résulter pour la Compagnie est si peu considérable, que toute hésitation, au sujet de l'adoption de cet amendement, doit vraiment être considérée comme impossible. Avec cette addition, le projet de Perrache perdrait, je l'ai dit, une partie de ses dangers ; et s'il est impuissant à nous garantir de ceux que présente la traversée, tout au moins est-il propre à les éloigner, et à nous faire gagner du temps, et c'est beaucoup, parce que le temps laisse rarement passer de nombreuses années sans amener quelques-uns de ces coups de baguette providentiels, qui viennent interrompre subitement le cours logique des évènements, et bouleverser les rapports que notre raison avait établis entre les effets et les causes.

Il me reste maintenant à parler du projet du Centre qui est loin d'avoir obtenu toute l'attention dont il est digne.

---

la ville, mais, de fait, les arrivées et les départs seront au centre. Les tunnels suivant des lignes courbes ne sont pas sans dangers ; dans tous les cas, ils prolongent pour les voyageurs un véritable supplice. Engagés sous ces longues galeries, on a hâte de revoir la lumière. »

Extrait de l'opinion de M. le docteur Jourdan, professeur à la faculté des sciences. *Courrier de Lyon* du 13 août 1845.

Cet amendement est, ainsi qu'on le voit, un diminutif du projet du Centre.

PROJET DU CENTRE.

Si on pénètre dans ce carré long qui se trouve renfermé entre le Rhône et la Saône, entre Bellecour et les Terreaux, c'est-à-dire entre les plus beaux quartiers et les plus beaux quais de Lyon, on trouve une ville puante et sale, des rues étroites et tortueuses, des maisons ignobles et ruinées, qui contrastent étrangement avec la brillante enveloppe qui les cache. On dirait d'une ville poitrinaire dont l'éclat et la vie se seraient portés aux extrémités, ou d'un corps qui cacherait un cœur gangrené et des poumons tombant en lambeaux et pourriture, sous une peau fraîche et rosée. Ce sont ces quartiers immondes qui ont valu à Lyon une réputation de malpropreté qui a peine à céder devant de courageux et persévérants efforts (1). Et pourtant,

(1) Il convient de rendre justice à l'administration qui a entrepris la régénération de notre cité, et qui tend à la laver des souillures séculaires qui en avaient fait une des plus malpropres villes de France. On a pu regretter quelquefois l'âpreté de certaines formes et de certaines mesures, mais il convient de remarquer qu'il est des maux auxquels il faut des remèdes héroïques. Les abus sont comme de vieux clous rouillés qu'on ne peut arracher en gants blancs, et avec la pointe des doigts, mais avec des tenailles de fer et une main de fer, au risque de faire voler quelquefois en éclats, le bois qui les cache et les retient. Notre ville change d'aspect à vue d'œil ; les envahissements de la voie publique sont réprimés, les trottoirs enlèvent à notre pavé aigu ses principaux inconvénients, les rues relevées en chaussée augmentent de largeur et facilitent la circulation

ces quartiers si dégoûtants, si justement fuis, si mal habités, occupent le terrain le plus précieux de Lyon.

Or, c'est là que, d'après les auteurs du projet dont je parle, le chemin de fer viendrait aboutir ; c'est là que serait placé l'embarcadère, pour les voyageurs seulement ; c'est là que seraient élevés sur tous les terrains restés libres, de nouveaux édifices appropriés à nos goûts et à nos besoins actuels ; c'est là que seraient percées des rues larges et droites, en échange de ces couloirs obscurs et tortueux qui sillonnent maintenant cette partie de la ville ; c'est là que Lyon, dépouillant cet aspect de dégoutante décrépitude que présentent ces quartiers, se relèverait brillant et rajeuni, plein d'avenir, et fort d'une vie nouvelle, comme fait une fleur, fille parfumée du fumier le plus immonde ; c'est là enfin, que le commerce trouvant au centre même de Lyon, et entre ses deux rivières, des locaux commodes et convenables, reviendrait se

des voitures, les anciens égouts désobstrués sont rendus à leur destination oubliée ; tout ce qui touche en un mot à la viabilité, à la propreté, à la salubrité de notre ville est l'objet d'une sollicitude ardente, éclairée et persévérante.

Ces améliorations valent mieux, à mon gré, que de fastueux monuments, car elles profitent à tous, tous les jours et à toutes les heures. L'administration, à laquelle elles sont dues, sera donc longtemps bénie ; les froissements d'intérêts privés seront promptement oubliés, et le bienfait restera.

fixer, et renoncerait aux tendances excentriques qui le poussent à s'éloigner (1).

On a dit que ce projet avec lequel il est nécessaire de raser une grande quantité de maisons, donnerait lieu à des dépenses considérables ;

Que son exécution rencontrerait d'ailleurs des obstacles dans notre législation sur l'expropriation pour cause d'utilité publique ;

Que, dans tous les cas, ce projet était une spéculation étrangère au chemin de fer, et qu'il ne semblait pas raisonnable de l'imposer à la Compagnie qui se rendrait concessionnaire de ce chemin.

De toutes ces objections, celle à laquelle on paraît attacher le plus d'importance, est, je l'avoue, celle qui me touche le moins ; je veux parler de la question d'argent.

Les terrains dont il s'agit, mis à nu, débarrassés des constructions qui les souillent, représenteraient certainement une valeur de beaucoup supérieure à

---

(1) Un honorable conseiller de préfecture vient de publier, sur la nécessité de régénérer ces quartiers, un rapport plein de vues sages, de réflexions judicieuses et de calculs concluants. Il serait bien à desirer que ce rapport fut mis sous les yeux de tous ceux qui, de près ou de loin, peuvent être appelés à exercer une influence quelconque sur la détermination définitive qui doit être prise ; ils y puiseraient les éléments d'une conviction qui me semble devoir être celle de tout homme éclairé. Ce rapport est celui qui a été adressé à M. le Maire de Lyon par M. Alexandre Monmartin, chargé de recevoir l'enquête relative aux plans d'alignement de la partie centrale de la ville.

celle des maisons qui y existent; à ce point qu'un incendie qui dévorerait tous ces quartiers, serait un incontestable bienfait, non seulement pour la ville, *mais aussi et surtout pour tous les propriétaires incendiés.* Ces terrains bâtis comme ils le sont, valent aujourd'hui, sol et construction, ainsi que le prouvent toutes les ventes faites, de 200 à 500 fr. le mètre (1). Si ces terrains étaient libres *en totalité*, ils vaudraient plus du double. Il n'existe, à Lyon, aucun emplacement préférable, et on peut en citer qui, dans certains quartiers, se sont vendus jusqu'à 15 et 1800 fr. le mètre (2).

Or, s'il en est ainsi, et chacun peut s'en assurer, il est bien évident, qu'au fond, ce projet, loin d'être coûteux, serait profitable, et que la question d'argent au lieu d'être une objection contre cette localité, serait un argument en sa faveur. Négliger une

---

(1) Je ne parle ici que des prix ordinaires. On comprend qu'il peut se trouver, même dans ces quartiers, quelques maisons faisant exception soit dans un sens, soit dans un autre.

(2) Les mauvaises maisons qui forment l'angle sud-est de la place d'Albon ont été, dit-on, achetées à ce prix, en vue de reconstruction.

Qu'on me fournisse les moyens d'avoir la place nette, et je me charge d'organiser une compagnie qui donnera, à chaque propriétaire et à son choix, ou le prix réel de son immeuble, ou, en échange d'une vieille et ignoble maison, se dépréciant tous les jours, une part dans les immeubles neufs, d'un revenu égal au sien. De sorte que s'il veut vendre, il aura vendu mieux qu'il ne pourrait le faire; s'il veut rester propriétaire, il aura, en échange d'une maison en ruines et mal bâtie, un immeuble neuf et bien construit, c'est-à-dire un revenu égal et un capital amélioré.

pareille occasion d'arriver sans frais ni sacrifices, à une régénération que notre ville ne saurait jamais payer trop cher, serait donc une faute qui laisserait d'éternels remords à ceux qui l'auraient commise.

De son côté, le gouvernement, au moment où il songe à une mesure propre à porter à la prospérité de Lyon une atteinte funeste, ne devrait-il pas s'estimer heureux de pouvoir lui offrir un semblable dédommagement, alors surtout qu'il pourrait le faire sans s'imposer de nouveaux sacrifices ?

Mais admettons qu'il en soit autrement ; portons tout au pire ; supposons que ce projet dût doubler la dépense de la traversée. Serait-ce bien réellement là un obstacle devant lequel on dût s'arrêter ? Dans ce siècle de millions, alors que le gouvernement ne sait comment s'en défendre et débarrasser ; alors qu'il fait des lois et règlements uniquement pour s'en garantir ; alors qu'il repousse ceux qui les lui apportent, ou les réunit pour les absorber ; alors que, pour la ligne de Lyon, on compte déjà vingt Compagnies, ayant chacune leur fond social, et qui offrent de la sorte quatre milliards à l'Etat, pour une entreprise de 200 millions ; comment vient-on nous parler de quelques dixaines de millions à engager de plus ou de moins dans une spéculation qui en exige plus de 310 (1) ?

(1) 200 millions de Paris à Lyon, et 110 de Lyon à Avignon. On

Dix millions! La belle affaire vraiment pour une Compagnie! C'est 20,000 actions de plus, et partant un bénéfice plus considérable! Si le chemin du Nord n'eût coûté à la Compagnie que 50 millions au lieu de lui en coûter 150, elle eut gagné trois fois moins. Par le temps qui court, et les choses qui se passent, plus une concession coûte, mieux elle vaut....... pour ceux qui l'obtiennent, bien entendu! Imposer le projet dont je parle à une Compagnie, ce ne sera donc pas augmenter ses charges, mais ses profits.

On assure que plusieurs Compagnies au capital de 190 millions, viennent de se former à Londres, uniquement pour amener ses rails-ways près de la Bourse et au centre de la ville. Cet exemple prouve trois choses : la première, c'est que cette capitale a compris qu'il lui importait d'apporter la vie où est déjà la vie, le mouvement où est déjà le mouvement; la seconde, c'est que la question d'argent ne doit pas être, en pareil cas, considérée comme un obstacle ; la troisième, c'est que la condition de placer l'embarcadère au centre de Lyon, n'est pas de nature à arrêter ni effrayer la spéculation.

La loi du 11 juin mettait à la charge des com-

---

sait qu'aux termes de la loi les deux compagnies doivent contribuer à la traversée. Ce capital est celui sur lequel vient de se former la compagnie des receveurs généraux.

munes et des départements, l'achat des terrains. C'était une charge énorme pour Lyon, qui s'en trouve exonéré. Ce projet, dût notre ville intervenir pour le subventionner, ne lui coûterait pas ce qu'elle aurait dû payer, sans fruit pour elle, en vertu de ladite loi.

Reste la question d'expropriation. On a supposé que la législation actuelle ne permettait que l'expropriation des immeubles nécessaires à l'établissement *de la voie publique*.

Je crois qu'on est dans l'erreur à ce sujet. Ce qui s'est passé pour le percement de la rue de Rambuteau à Paris, le prouve de reste. La loi permet l'expropriation non pas seulement de ce qui est destiné à la voie publique, mais encore de tout ce qui est d'*utilité publique*. Or, l'utilité publique ne se borne pas à des questions de rues, de places ou de routes. Cela est si vrai qu'on songe à exproprier, pour cause d'utilité publique, les actions de jouissance des canaux. Si la santé publique, si les besoins de la circulation, si des circonstances capitales exigeaient la reconstruction entière d'un quartier, la loi ne ferait nul obstacle à la déclaration d'utilité publique, il suffirait que cette utilité existât.

La législation actuelle est donc parfaitement suffisante, mais il en serait autrement, qu'il ne serait pas raisonnable de voir là un obstacle. Il s'agirait tout simplement, en ce cas de faire une loi spéciale, on en fait pour moins que cela. Le pouvoir législatif, pourrait-il hésiter à intervenir, et à sanctionner une mesure utile à tous et ne faisant grief à personne ; une mesure qui dès lors serait aussi profitable à l'intérêt public qu'à l'intérêt privé ? Le contraire serait tellement déraisonnable qu'on ne peut le supposer.

Sous le rapport de l'art, je ne crois pas les difficultés plus grandes qu'ailleurs. Un viaduc qui ferait du pont de Nemours un pont couvert ; un embarcadère placé au centre des quartiers dont j'ai parlé, sous lequel continuerait à circuler la population, et qui ne gênerait et n'interromprait aucune communication, me sembleraient, sous tous les rapports, réunir des avantages d'une appréciation simple et facile. L'exécution, au surplus, est l'affaire de MM. les ingénieurs, et loin de moi la pensée de mettre le pied sur leur empire.

Je crois donc qu'on s'est trop effrayé de ce projet qui me semble de beaucoup préférable à tous les autres, et il serait vraiment à desirer que la ville le prît à cœur, car c'est là, pour elle, une planche de salut. Qu'elle le veuille résolument, et la chose sera faite. On ne manquera pas de Compagnies qui se chargeront de la concession du chemin avec cette condition, et d'ailleurs rien n'est plus simple que d'essayer. Jusque-là, il ne peut être permis de se prévaloir d'un refus qui n'a pas été fait, et qui le sera d'autant moins que le surcroît de dépenses, en mettant tout au pire, représenterait à peine le produit d'une année de concession, et que dès lors on en serait quitte à la rigueur pour la prolonger d'autant.

On n'a pas l'habitude d'y regarder de si près avec les Compagnies, et il me semble que Lyon vaut bien qu'on lui abandonne quelques miettes de cet immense festin des chemins de fer, où tant se grisent, à y laisser leur bourse, leur raison, et plus encore!

Si quelque chose, en effet, devait atténuer le mal qui doit résulter, pour notre ville, de la traversée, ce serait assurément ce projet, soit parce qu'il rendrait le chemin de fer plus commode, plus facile, et moins dispendieux que tout autre; soit parce qu'aboutissant au centre même de Lyon, il tendrait, par la force des choses, à y maintenir la vie et le mouvement, sans perturbation trop immédiate, pour les intérêts existants, et surtout pour ceux des quartiers du Nord et du Centre qui sont les plus menacés; soit enfin parce qu'il serait, pour notre ville, l'occasion et la cause d'une régénération qui, sans elle, n'aura peut-être jamais lieu.

Il est donc impossible de trouver une combinaison qui réunisse à un plus haut degré, toutes les convenances et qui soit plus propre à donner une égale satisfaction à tous les intérêts.

Que le Maire de Lyon fasse un appel à ses concitoyens, qu'il propose la création d'une Compagnie spéciale formée dans un intérêt patriotique et lyonnais, ayant pour but spécial de faire adopter, ou la solution de continuité, ou le projet de tracé le plus utile à notre ville, et chaque Lyonnais voudra y voir figurer son nom ; et la souscription sera immédiatement remplie ; et les autres villes réclameront comme une faveur de prendre part à cette œuvre de la plus honorable spéculation, parce qu'elle aura en même temps en vue le salut de notre ville.

Chacun organise sa Compagnie, c'est maintenant la chose la plus simple du monde. Ce que je demande, dans l'intérêt de Lyon, le premier individu venu le fait dans le sien, nulle difficulté ne saurait donc arrêter ce projet, il suffit de vouloir.

Que s'il en devait arriver autrement, si Lyon était condamné à subir, dans toute leur étendue, les conséquences naturelles de ce qu'on veut faire, il arriverait une des choses que je vais dire :

Avec le projet de la rive gauche du Rhône ; dans vingt ans, la place des Terreaux sera une seconde place du Change ; les Terreaux eux-mêmes seront aux Brotteaux ; le centre de la ville remplacera le quartier St-Georges ; l'ouest rasé par quelque bienfaisant incendie, ou tombé de pourriture, sera rendu à la destination que semble lui donner la sainte chapelle qui le couronne ; on n'y verra plus que des monastères et des hospices ; c'est-à-dire la religion avec son sublime cortége de misères et de douleurs humaines. Et quand on entendra, sous cette sainte chapelle, sous ces souffrances, sous ces morts, courir et hurler toutes ces bêtes de fer et d'acier engendrées par l'homme, on aura sous les yeux le plus frappant contraste qui ait jamais peut-être existé, c'est-à-dire, et sur le même point, le ciel avec toute sa paix, et, un peu au dessous, la terre avec toutes ses agitations!

Le projet du cours Napoléon admis, au contraire; Lyon, dans cinquante ans, se sera retourné de la tête aux pieds. Les Terreaux seront à Perrache, et Perrache aux Terreaux. Ce double mouvement ne s'opérera pas sans réveiller et rajeunir un peu le centre, aujourd'hui ruiné. Quant à l'Ouest qui s'en va, et aux Brotteaux qui viennent, ils auront suivi leur marche ascendante et descendante, sans que les embarcadères, ainsi disposés, aient pu trop influer, en bien ni en mal, sur la destinée qui les attend.

Le tout, hélas! est-il besoin de le redire, sans

préjudice du dépérissement général qui doit résulter, pour la ville entière, de la traversée. Lyon, sous ce rapport, se trouvera dans la situation d'un malade placé sous l'action d'un mal qui affecte toutes les parties de son organisation, et tend à tarir chez lui la vie dans son essence même ; ce qui n'empêche pas des causes secondaires d'agir plus spécialement sur tel ou tel de ses membres.

Avant tout donc, ce que Lyon doit combattre, c'est la traversée ;

Après la traversée, le projet des Brotteaux, par la raison qu'il est plus propre que tout autre, à provoquer l'émigration de la population de Lyon.

Quant au projet de Perrache, bien qu'à certains égards il doive nuire à plusieurs quartiers de cette ville, et surtout à ceux du nord et à la Croix-Rousse, il est juste de reconnaître qu'il éloigne le danger, parce qu'ainsi que ses adversaires le proclament eux-mêmes, il se prête moins bien au déplacement de la population centrale.

Mais le projet par excellence, au point de vue de Lyon, est assurément celui du centre, que nous recommandons de toute la religieuse puissance de nos convictions, à ceux qui tiennent la balance dans laquelle se pèsent nos destinées, d'autant plus qu'il serait de nature à mettre tout le monde d'accord, et donnerait une égale satisfaction à toute l'agglomération lyonnaise, sans en excepter les Brotteaux qui se trouvent eux-mêmes placés précisément en face.

Ainsi, et avant tout, la solution de continuité qui fait disparaître tout danger;

Puis le projet du Centre qui le diminue considérablement;

Ensuite le projet de Perrache qui l'éloigne;

Et enfin, le projet des Brotteaux qui le rend immédiat et certain.

RÉSUMÉ ET CONCLUSION.

De toute cette discussion il résulte :

Que la traversée de Lyon porterait à notre ville un coup mortel, par la raison bien simple qu'elle a pour but avoué de faciliter aux hommes et aux marchandises le moyen de le traverser, sans s'y arrêter, et qu'une ville vit de ce qui s'y arrête, et non de ce qui la traverse ;

Que l'intérêt qu'on suppose au pays n'existe en aucune manière, puisque la perte qui résulterait pour lui, de la traversée de notre ville, dépasserait le profit qu'il en pourrait retirer ;

Que cet intérêt exista-t-il, il serait, dans tous les cas, d'une si mince importance, qu'on ne saurait songer sans folie à lui immoler une ville comme Lyon ;

Que dès-lors, il n'y a nul motif de supposer que le pouvoir, conservateur obligé de tous les intérêts, protecteur né de tous les droits, soit disposé à persister dans une mesure propre à compromettre des intérêts aussi graves que ceux que représente la ville de Lyon, et à violer des droits aussi sacrés que ceux sur lesquels reposent ces intérêts;

Qu'il suffit donc à notre ville d'ouvrir les yeux, de voir le danger; de le signaler, et de demander au gouvernement de prendre des mesures qui, sans nuire à l'intérêt général, soient de nature à protéger et défendre l'intérêt lyonnais, intérêts qui, loin de se heurter, comme on a semblé le croire, se trouvent au contraire en parfaite harmonie dans cette occasion.

Et, en effet, en ce qui touche Lyon, il est bien évident que, s'il y a profit, pour une ville, à être un lieu d'entrepôt pour les marchandises, et de rendez-vous pour les marchands, tout ce qui tend à lui enlever les unes et les autres, lui est nécessairement funeste et ruineux.

Or, ce n'est sans doute pas pour fixer à Lyon les marchandises et les marchands qu'on veut leur fournir les moyens de le traverser sans s'y arrêter. On ne fait pas un chemin pour qu'on ne s'en serve pas; et si on fait celui qui doit traverser Lyon pour qu'on s'en serve, c'est le faire pour qu'on nous évite, pour qu'on nous enlève ce qui nous faisait vivre, pour nous tuer.

Il me semble qu'il n'y a là, ni exagération, ni déclamation, mais tout simplement de grosses bonnes vérités qu'on a honte à dire, tant elles vont d'elles-mêmes ; et qu'il faut pourtant bien dire, puisqu'on les méconnaît d'une si étrange façon.

Si on prend à Lyon ce qu'il a, et si on ne lui donne rien en échange, il est bien clair qu'on le ruine. Or, que peut-on lui donner en échange de son commerce, de son transit et de son entrepôt? Bien évidemment rien, car il n'y a rien. La dépopulation est la conséquence nécessaire de l'éloignement du commerce, et la dépopulation d'une ville, c'est sa ruine. Quand les sources de la vie sont taries, il n'y a point de remède ; toute espérance contraire est insensée. Pour nier ce qui précède, il faudrait nécessairement soutenir l'une des deux choses qui suivent :

Ou que la traversée manquera son but ; ce qui reviendrait à dire qu'on se propose de dépenser dix à douze millions, pour fournir aux marchandises et aux voyageurs un moyen de transport dont on soutiendrait qu'ils ne feront pas usage ;

Ou bien que les marchandises et les voyageurs usant du moyen qu'on veut leur fournir de porter ailleurs le commerce dont Lyon est en possession, cette ville continuera néanmoins à vivre de ce commerce, alors qu'elle ne l'aura plus !

C'est-à-dire qu'il faut, pour nier ce que j'ai dit, choisir entre une folie et une absurdité.

Un des plus habiles défenseurs de Perrache a dit

que l'établissement de l'embarcadère général aux Brotteaux aurait pour effet de ruiner et anéantir la ville de Lyon, à ce point qu'on pourrait lui appliquer le fameux vers de Sénèque :

Una nox interfuit, inter urbem maximam et nullam.

Or, que dire de la traversée destinée, non pas seulement à favoriser tel quartier aux dépens de tel autre, mais encore à priver Lyon tout entier d'avantages mille fois supérieurs à ceux que ses différents quartiers attendent des embarcadères qu'ils se disputent. Si Lyon devait périr parce que ses marchandises et ses voyageurs débarqueraient dans tel quartier de Lyon plutôt que dans tel autre, que sera-ce si on s'arrange de telle sorte qu'ils ne débarquent dans aucun, et suivent leur chemin !

En ce qui touche le pays, on ne peut disconvenir que l'intérêt général ne saurait se séparer de l'intérêt privé qui en est la base essentielle, et encore moins des grands intérêts de localité qui en sont les plus fermes soutiens, ce qui fait que l'intérêt général perd lui-même tout ce qu'il fait perdre aux intérêts qui le composent. Pour prévaloir sur l'intérêt privé, l'intérêt général doit donc avoir une immense gravité, et ce n'est que dans des cas extrêmes qu'il peut en demander le sacrifice. C'est pourquoi il importe de se méfier des exigences qu'on lui prête, et qui sont bien plus souvent celles des hommes qui le font parler.

Or, l'intérêt que le pays peut avoir à la traversée de Lyon est d'une si mince importance; le tort qu'il éprouverait si cette ville venait à succomber serait si grand; ce que le pays pourrait gagner à sa traversée serait si peu en rapport avec ce qu'il perdrait en gloire et en profits matériels en perdant une ville comme Lyon, qu'on ne comprend pas qu'on ait pu songer à une mesure semblable.

Pour un pays, agir de la sorte, ce serait se suicider en détail, puisque l'intérêt de Lyon fait aussi bien partie de l'intérêt général que le doigt fait partie du corps. Si cette politique de Saturne valait contre Lyon, elle vaudrait contre Paris, contre Bordeaux, contre Marseille; et que deviendrait ensuite le pays quand il aurait sacrifié tout ce qui le compose?

On ne peut donc s'empêcher de reconnaître que toute cette fantasmagorie d'intérêt général, dont on a fait tant de bruit, n'est, en cette circonstance, que fumée et illusion;

Que le pays a plus à perdre à la traversée de Lyon qu'à y gagner;

Que l'économie de frais dont on parle sera beaucoup plus qu'absorbée par l'intérêt du capital employé pour l'obtenir;

Que, dans tous les cas, elle est tellement insignifiante, qu'elle ne profitera jamais à la consommation réelle et véritable, et tout au plus aux intermédiaires;

Que, loin d'intéresser le pays, c'est-à-dire la généralité, ou au moins la majorité de ses habitants, elle n'en intéresse qu'une très minime fraction, certainement moindre que celle qui en souffrirait;

Qu'il s'agit tout simplement de substituer un intérêt de localité à un autre, et de transporter sur d'autres points le commerce dont notre ville est en possession;

Que cette mesure, en nuisant à notre navigation fluviale, nuirait, par le fait, aux intérêts généraux, puisque la décentralisation qui en serait la conséquence dérangerait l'équilibre commercial actuel, isolerait notre industrie, et priverait notre agriculture d'un marché important que ne pourraient remplacer pour elle, avec autant d'avantages, les divers marchés qui seraient appelés à succéder au marché lyonnais;

Qu'enfin, et contre toutes les règles de l'hygiène politique et sociale, s'il est permis de s'exprimer de la sorte, on porterait aux extrémités la vie qui doit rester au cœur de la France;

Toutes choses desquelles il suivrait que le résultat net de la traversée serait, pour le pays, d'avoir détruit sans profit et, au contraire, à son immense détriment, une ville qui est l'un des plus beaux fleurons de sa couronne; une ville dont la ruine le priverait d'avantages matériels vingt fois plus considérables que ceux que pourrait lui procurer sa traversée; et qu'envisagée même comme simple question d'argent, cette mesure serait le plus déplorable et le plus faux des calculs.

Et tout cela dans quel but, pour quel avantage? — Pour le gain de quelques minutes !.....

Mais, pour passer par Dijon, on en a fait perdre dix fois plus que n'en pourrait économiser la traversée de notre ville, sans parler d'une augmentation de quatre à cinq francs la tonne, car la grande ligne de l'Océan à la Méditerranée, a été allongée de quarante kilomètres, uniquement pour toucher Dijon. Cette ville représente-t-elle donc un intérêt plus légitime, plus sacré, plus important que celui de Lyon? On parle de cinq minutes! Mais à traverser Paris on en gagnerait dix, quinze, et ainsi de suite, en *brûlant* toutes les villes ! Traversez donc Paris ! traversez la France entière sans vous arrêter, faites table rase, supprimez les obstacles et les frontières, soudez vos chemins à vos mers; inventez une machine, un embarcadère qui jette les voyageurs tout chauds, du wagon dans le paquebot! Et pourquoi, en effet, s'arrêter plutôt à Marseille qu'à Lyon ? Le temps y est-il moins précieux qu'ici, ou l'homme plus patient ? Chauffez donc, chauffez fort, chauffez à blanc ! l'homme passe..... ô ! mon Dieu, qu'est-ce donc qui le pousse ? Il arrivera peut-être plutôt qu'il ne voudrait !

Certes, il est des cas où une grande immolation peut devenir nécessaire. Je comprends Rostopchin brûlant Moscou pour arrêter nos légions; j'aurais compris Napoléon, brûlant Lyon ou Paris pour arracher la France à la honte et aux malheurs de l'invasion ; je m'incline, en pareil cas, devant cette *ultima ratio* du destin, devant cette loi suprême de la nécessité ; mais anéantir une ville comme Lyon afin de fournir à quelques touristes pressés ou ennuyés le moyen de gagner cinq minutes sur un trajet de deux cents lieues ; ce serait, à mes yeux, une débauche, un libertinage, une orgie de pouvoir et de tyrannie qui ne me sembleraient pas avoir d'exemple. J'aimerais autant, je crois, Néron brûlant Rome pour se divertir.

Il ne saurait donc en être ainsi, et ce serait calomnier le pouvoir que de le craindre, mais c'est à nous d'agir, car les choses ne se font pas toutes seules; agissons donc, que tous s'en mêlent, puisque tous y sont intéressés, et Lyon sera sauvé. Aidons-nous, le ciel nous aidera !

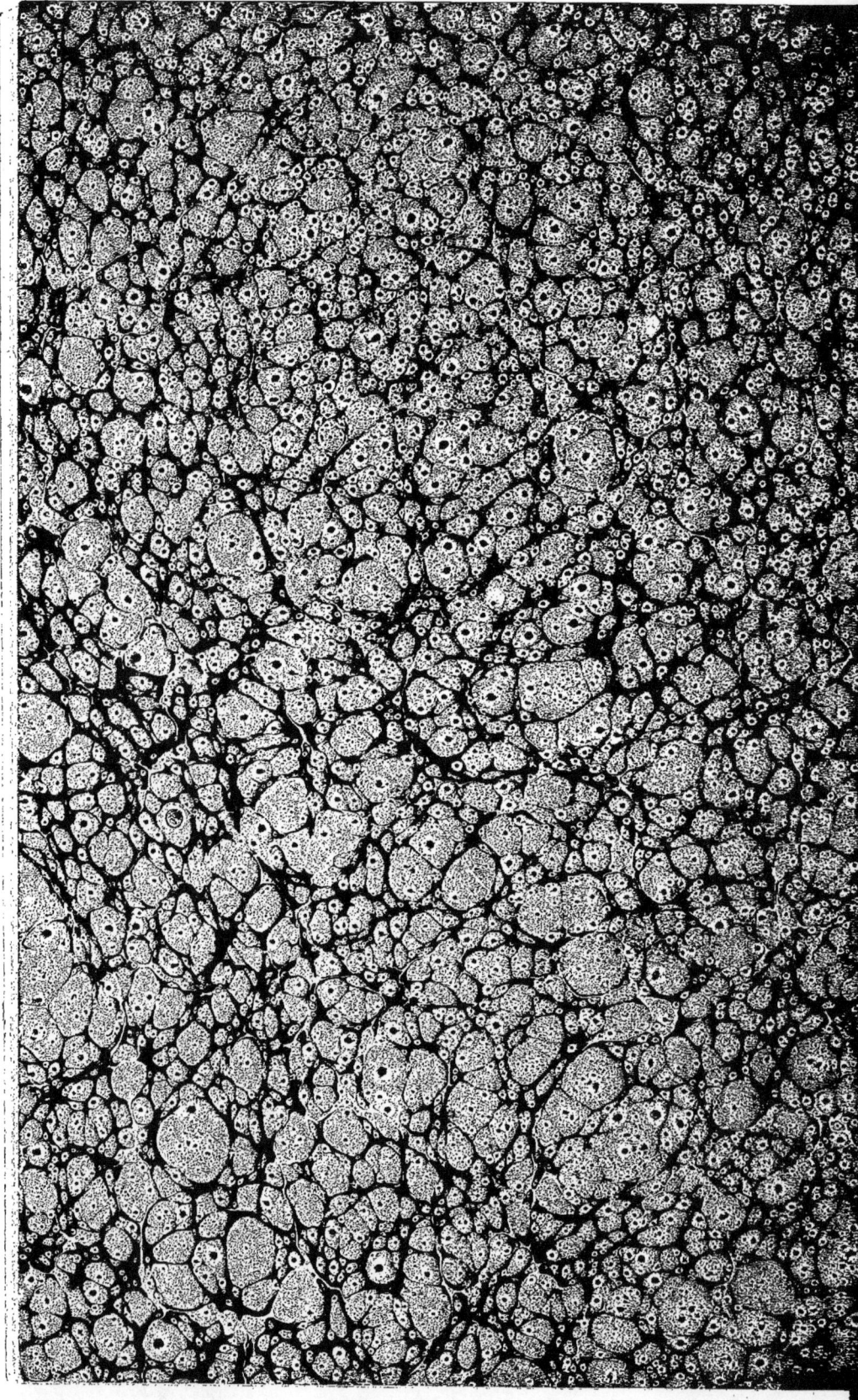

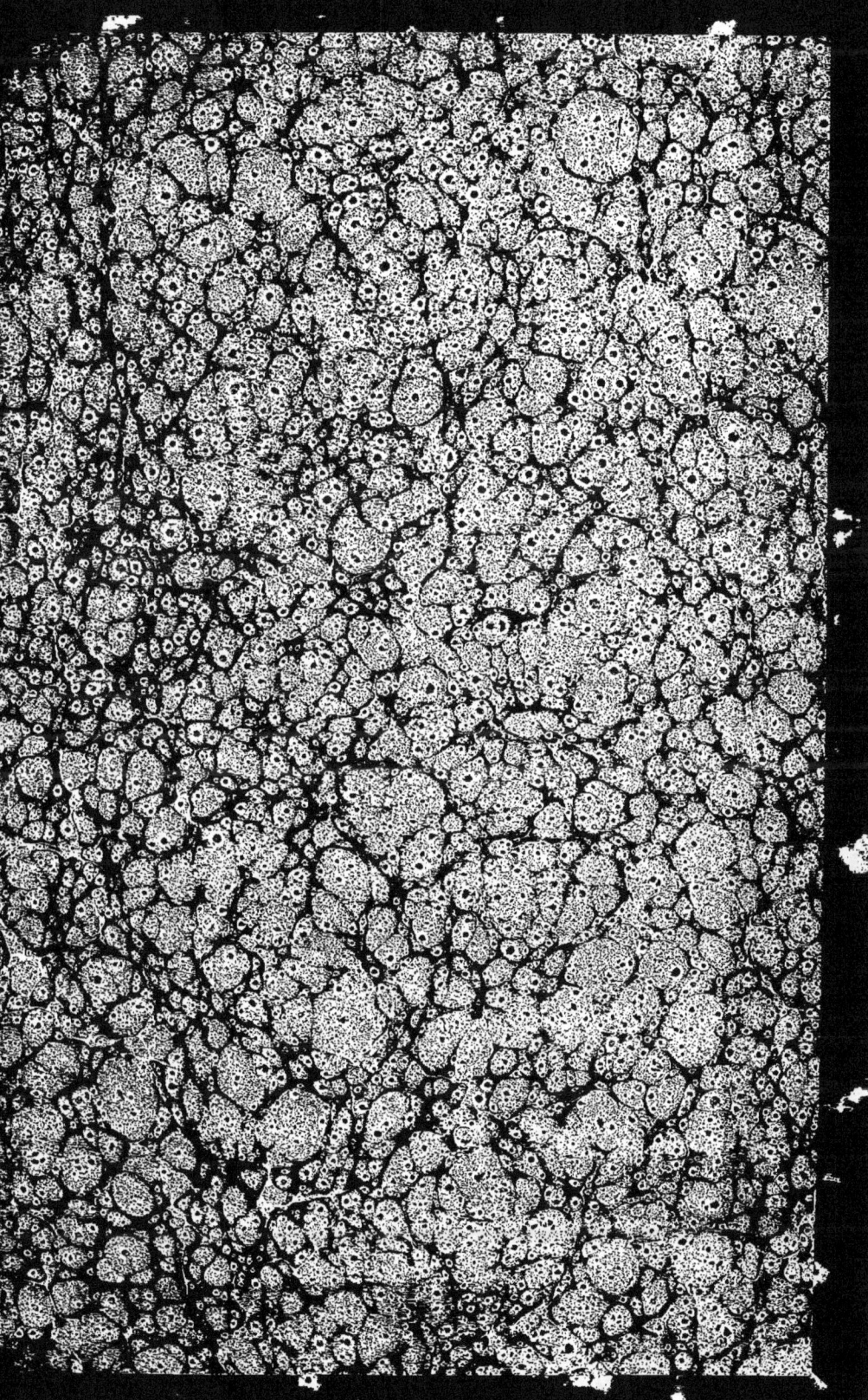

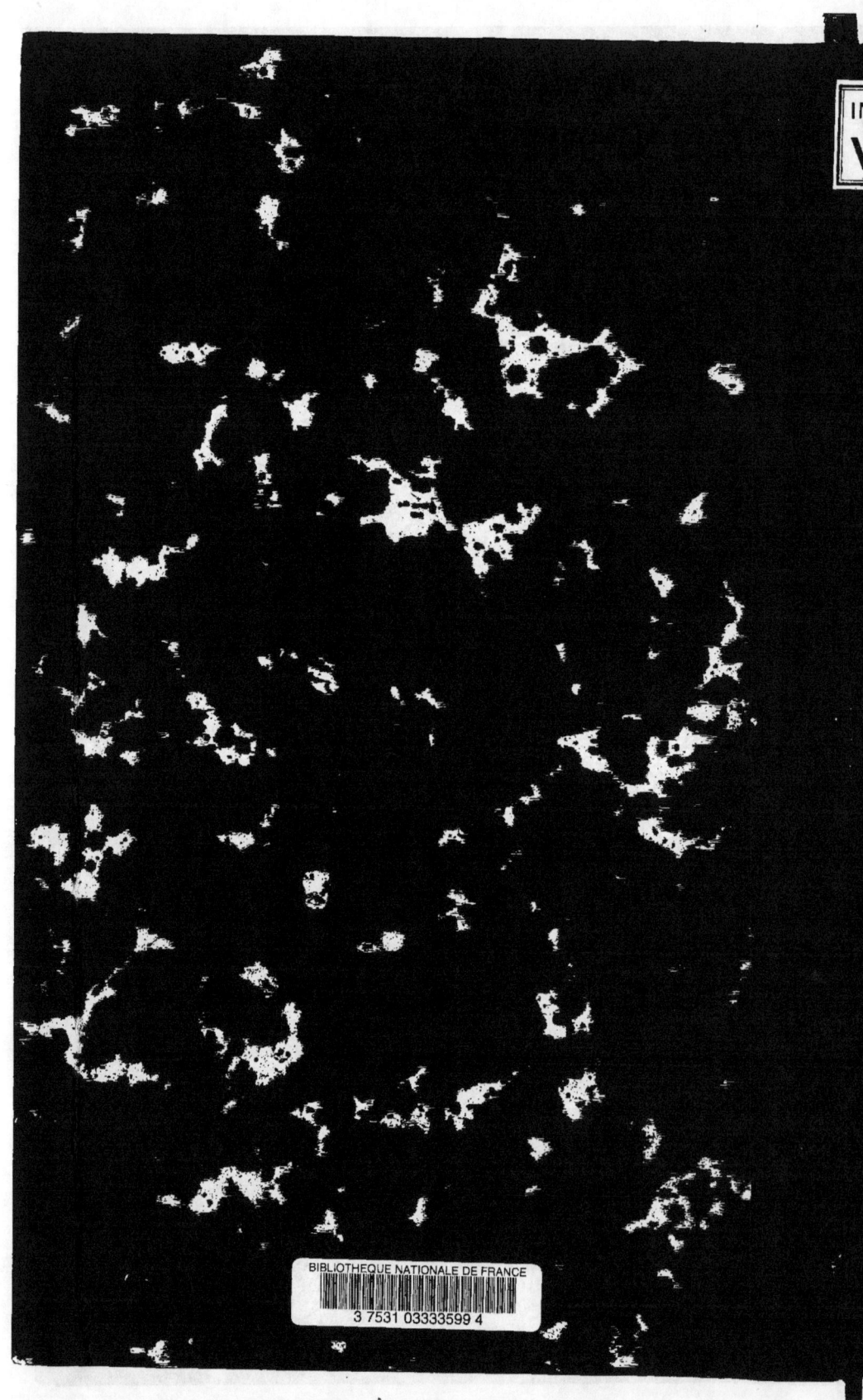

www.ingramcontent.com/pod-product-compliance
Lightning Source LLC
Chambersburg PA
CBHW060156100426
42744CB00007B/1048